GENUSS FRUCHT

*t*omate

Helga Buchter-Weisbrodt

GENUSS FRUCHT

tomate

Sonnenreif auf den Tisch

Agrarverlag

Abbildungen:

Helga Buchter-Weisbrodt

Impressum

Druck- und Verlagsges.m.b.H Nfg. KG,
Achauerstraße 49A, A-2335 Leopoldsdorf

Projektleitung: Alexandra Mlakar, Österreichischer Agrarverlag
Korrektorat: Christina Spiegl
Grafische Gestaltung und Satz: armanda,geisler Wien
Bildreproduktion:
Hantsch & Jesch PrePress Services OEG, Leopoldsdorf
Druck: Gorenjski Tisk

Printed in Slovenia
1. Auflage

ISBN 3-7040-1962-3

inhalt

4 Farben & Formen 39

5 Gesundheit genießen 65

6 Allerlei Tomaten-Produkte 79

7 Tomaten roh & gekocht 85

8 Kochen leicht gemacht 93

Salate

Suppen & Soßen

Hauptgerichte & Beilagen

Eingemachtes

1

gesunde genussfrucht tomate

BOTANISCH GESEHEN SIND TOMATEN BEEREN, ALSO FRÜCHTE. IN DEN STATISTIKEN ZÄHLEN SIE JEDOCH ZUM GEMÜSE. FRUCHT ODER GEMÜSE – UNZWEIFELHAFT STEHT FEST: KAUM EINE ART BIETET SO VIELSEITIGEN GENUSS UND IST DABEI SO GESUND.

Und wieder war es Christoph Kolumbus, der uns das rote Gold der Azteken, die „tomatle", nach Europa brachte. Über 300 Jahre lang sahen die Bewohner der Alten Welt in dem tropischen Gewächs eine aparte, aber giftige Zierpflanze, die vermeintlich ungenießbaren Früchte hießen „Liebesäpfel". Im deutschen Sprachraum fasste die Tomate erst um 1900 Fuß.

Auffallend an der Familie der Nachtschattengewächse, zu der neben Tomaten auch Kartoffeln und Paprika zählen, ist der unglaubliche Farben- und Formenreichtum. Die Farbpalette der Tomate reicht von Cremefarben, Hellgelb, Zitronengelb über Orangerot, Scharlachrot, Braunrot, Rosa und Violett bis zu Hellgrün und streifigem Grün.

Die Formenvielfalt steht in nichts nach: Es gibt erbsenkleine und kilogrammschwere Früchte, sie haben Birnen-, Flaschen-, Eier-, Kugel-, Herz- oder Zylinderform und können glatt, gefurcht, gerippt oder gar innen hohl sein.

Diese unglaubliche Vielfalt hat die Natur ohne fremdes Zutun hervorgebracht. Trotzdem war die Tomate die erste gentechnisch veränderte Nahrungspflanze.

Transgene Tomaten werden nicht matschig, sind resistent gegen Krankheiten, enthalten veränderte Stärkeanteile und Stärkezusammensetzungen oder schmecken zuckersüß, ohne dick machende Zuckerstoffe zu enthalten.

Trotz der kritisch beobachteten Eingriffe in die beliebte Frucht beziehungsweise das begehrte Gemüse ist die Tomate ein wohlschmeckender, kalorienarmer Gesundmacher, vorausgesetzt Sorte und Anbaubedingungen stimmen. Nachdem die Tomate dank falscher Sortenwahl und Kulturmethoden den Ruf des vierten Aggregatzustandes des Wassers erlangt hatte und der Verbrauch stagnierte oder gar zurückging, rückte ihr Aromawert wieder in den Vordergrund. Vor allem im Hobbybereich gibt es seit einigen Jahren unzählige, wieder so richtig nach Tomaten schmeckende Sorten. Aber auch der Marktanbau hat sich neu orientiert und bietet Früchte an – teils als ganze Rispen –, die an Genusswert deutlich gewonnen haben.

Tomaten sind ein Glücksfall der Natur, denn es gibt nicht viele Lebensmittel, die so gut schmecken und uns zugleich so nachhaltig gesund erhalten. Die Tomate hat es buchstäblich in sich: Neben lebenswichtigen Vitaminen, Mineralstoffen und Spurenelementen strotzt sie geradezu vor bioaktiven Substanzen wie Ballaststoffen und sekundären Pflanzenstoffen. Inzwischen liegen zahlreiche Studien über ihre Wirksamkeit als Vorbeugung gegen verschiedene Krebsarten vor. Zugleich stärken sie das Immunsystem und wirken Adernverkalkung und Herzinfarkten entgegen.

Damit ist das Füllhorn dieser Biobombe längst nicht erschöpft. Sie ist zugleich das ideale Mittel gegen schlechte Laune. Vollreife Tomaten enthalten reichlich Tyramin, ein Umwandlungsprodukt der Aminosäure Tyrosin. Es wirkt stimmungsaufhellend. Sind wir misslaunig, sollten wir uns also nicht nur von einer knallroten Tomate anlachen lassen, sondern auch herzhaft hineinbeißen. Wer nach weiteren Genussformen für die aromatischen Launemacher sucht, findet im Rezeptteil abwechslungsreiche, leicht umsetzbare Anregungen.

2

bioaktiver liebesapfel

DIE IN EUROPA 300 JAHRE ALS GIFTIGE ZIERFRUCHT VERKANNTE TOMATE IST MITTLERWEILE DAS BELIEBTESTE FRUCHTGEMÜSE. DAS GRÖSSENSPEKTRUM DER SOMMERLICHEN AROMAFRUCHT REICHT VON WENIGEN GRAMM BIS FAST 3 KG.

Das Wort „Tomate" geht zurück auf den Namen der Azteken für diese Pflanze. Nachdem es den Ureinwohnern von Mexiko und Peru gelungen war, die Früchte der Wildpflanze durch gezielte Auslesen allmählich größer zu züchten, nannten sie das Ergebnis „tomatle". Der Begriff leitet sich ab von „tomana", das bedeutet anschwellen.

In weiten Teilen Europas sah man in der von Christoph Kolumbus mitgebrachten Art 300 Jahre lang nur eine Zierpflanze. Ihren zweifelsohne sinnlich aussehenden Früchten wurden die geheimnisvollen Kräfte eines Aphrodisiakums zugeschrieben, gelbe Sorten sollten sogar Liebestollheit hervorrufen. Entsprechend hießen Tomaten Liebes- oder Paradiesäpfel.

Im allgemeinen Sprachgebrauch finden sich diese Namen aber nur in Österreich (Paradeiser), Ungarn (paradiscom) und Frankreich (pomme d'amour). Das ursprüngliche „tomatle" hat sich in fast allen Sprachen etabliert.

TOMATE IN ANDEREN SPRACHEN

BG	**domat**	KOR	**tomato**
D	**Tomate**	N	**tomat**
DK	**tomat**	NL	**tomaat**
E	**tomate**	P	**tomateiro**
F	**tomate**	RUM	**tomatete**
GB	**tomato**	S	**tomat**
GR	**tomata**	SF	**tomaatit**
JAP	**tomato**		

Botanischer Steckbrief

Es verwundert nicht, dass die Tomate lange Zeit als Zierpflanze galt. Die krautigen, unter günstigen Bedingungen mehrjährigen Pflanzen verzweigen sich durch Seitentriebe aus den Blattachseln des Haupttriebes.

Die intensiv grünen Blätter mit ihren unterschiedlich großen Fiedern verleihen der Pflanze das aparte Aussehen. Jedes Blatt sieht anders aus, die Kerbungen sind mal tief, mal nur angedeutet. Die Blätter sind mit feinen Drüsen besetzt, die einen besonderen Duft verströmen. Berührt man sie und wäscht anschließend die Hände mit Seife, färbt sich das Waschwasser intensiv gelb.

Klein, aber fein – diese Beschreibung passt zu den intensiv gelben, zarten Blüten. Mehrere davon sitzen in einem Blütenstand zusammen, seine Form heißt Traube oder Wickel. Je nach Sorte kann eine solche Traube 3 bis 25 Einzelblüten umfassen. Es gibt sogar Arten mit bis zu 600 Blüten. Da sich die Blütenstände nach und nach entwickeln, kann man den ganzen Sommer über die Blüten mit ihren fünf spitz zulaufenden, etwa 1 cm langen, gelben Kronblättern und den fünf zu einer Röhre zusammengewachsenen Staubbeuteln bewundern.

Botanisch betrachtet ist die Tomate eine echte Beere und damit eine Frucht. Auch ihre Zusammensetzung ähnelt der vieler Obstarten. Im Gegensatz zu anderem Gemüse enthält die Tomate reichlich Fruchtsäuren und Zucker. Allerdings wird sie fast ausschließlich zu salzigen Gerichten verarbeitet, also wie Gemüse verwertet. Anbaubücher und Statistiken führen die Tomate als Gemüse unter der Rubrik „Fruchtgemüse". Dazu zählt auch ein weiterer Tomatenverwandter, der Paprika. Seine Frucht ist ebenfalls eine Beere, auch wenn sie im allgemeinen Sprachgebrauch Schote genannt wird.

Echte Beeren bestehen aus einer Ansammlung von Samen, eingebettet in weiches Fruchtfleisch und umhüllt von einer Fruchthaut. Diese Charakteristika erfüllen neben der Tomate auch Gurke, Heidelbeere, Johannisbeere, Paprika und Traube. Die Kürbisfrucht erfüllt ebenfalls die Definition für Beeren. Mit ihren Rekordgewichten von über 500 kg ist sie die größte Beere der Welt.

REKORDFRÜCHTE

DIE GRÖSSTE BEERE DER WELT – DEN KÜRBIS – KÖNNEN TOMATEN NIEMALS ÜBERTREFFEN, DENNOCH BRINGT DIE KRAUTIGE PFLANZE UNGLAUBLICHE REKORDFRÜCHTE HERVOR. WIE BEIM KÜRBIS IST ES EIN BELIEBTER SPORT DER AMERIKANER, DIE WELTGRÖSSTE FRUCHT ZU ERMITTELN. BEIM LETZTEN WETTBEWERB, DER 1998 IN NEW JERSEY/USA STATTFAND, HIELT GEORGE BUCSKO DEN WELTREKORD MIT SEINER **2 240 G SCHWEREN TOMATE**. DIE 1997 VON MINNIE ZACCARIA ERZIELTE REKORDTOMATE KONNTE ER JEDOCH NICHT ÜBERBIETEN. SIE BRACHTE **2 790 G** AUF DIE WAAGE. DEN HOHEN STELLENWERT SOLCHER „WEIGH IN'S" UNTERSTREICHEN DIE AUSGESETZTEN PREISGELDER VON ÜBER 80 000 US-DOLLAR UND DIE ZAHLREICHEN WEBSEITEN IM INTERNET MIT ANLEITUNGEN, WIE MAN EINE SOLCHE RIESENTOMATE KULTIVIEREN KANN.

Fruchtige Namensverwandte

Nicht alles, was als Tomate bezeichnet wird, ist auch botanisch gesehen ein echter Vertreter dieser Art. Wer beispielsweise den Film „Grüne Tomaten" gesehen hat, kennt zumindest eine Namensverwandte der Tomate: die Tomatillo. Anders als der Filmtitel vermuten lässt, handelt es sich bei den in der Geschichte vorkommenden Rezepten nicht um Gerichte mit unreifen Tomaten oder grünfruchtigen Sorten. Bestandteil der Rezepte ist die in Mexiko auch als „Grüne Tomate" bezeichnete Tomatillo, nahe verwandt mit Kapstachelbeere und Lampionblume. Diese auch als Mexikanische Tomate oder Erdkirsche bekannte tropische Frucht stammt wie die gewöhnliche Tomate aus der großen Familie der Nachtschattengewächse. Die krautige Pflanze bildet bis zu 6 cm große kugelige Beeren aus. An sehr sonnigen Standorten gedeiht sie als einjährige Kultur auch in unseren Gärten oder als Kübelpflanze auf Balkon und Terrasse.

Kapstachelbeere – eine nahe Verwandte der Tomate

Die Baumtomate oder Tamarillo hat mit der normalen Tomate ebenfalls nur die Zugehörigkeit zur Familie der Nachtschattengewächse gemeinsam. Die etwa 100 g schweren, eiförmigen Früchte lassen sich roh als Obst verzehren, gedünstet dienen sie als Gemüse. Die ausdauernde, bis 5 m hohe, strauchartige Pflanze gedeiht im subtropischen Klima, bevorzugt in Höhenlagen.

Die Quitotomate heißt je nach Region auch Lulo oder Naranjilla. Der stachelige, fein behaarte, krautige Strauch liebt tropische Gebirgslagen. Er trägt aromatische, 5 cm große, kugelige Früchte.

Die Schale ist recht zäh, der feine Filz lässt sich leicht abreiben. Da die Schale als leicht giftig gilt, sollte sie nicht verzehrt werden.

Vom Ursprung der Tomate

Es gibt kaum archäologische Funde, deshalb lässt sich der genaue Herkunftsort der einstigen Liebesfrucht nicht zweifelsfrei bestimmen. Die meisten Wissenschaftler nehmen Bolivien, Ecuador und Peru als Ursprungszentrum an. Hier finden sich auch heute noch viele Wildarten. Die Entwicklung von den Wildformen zur Kulturpflanze wird im Raum zwischen Ecuador und Peru vermutet, könnte sich aber auch in Mexiko vollzogen haben.

Die ersten frühgeschichtlichen Funde stammen aus dem 5. Jahrhundert v. Chr. Nach Europa kam die Tomate erst durch Christoph Kolumbus. Er brachte 1498 einige Pflanzen von seiner zweiten Amerikareise mit nach Spanien. Seine Landsleute nutzten die Frucht schon bald als Salat. Im übrigen Europa begegnete man der hübschen Beere mit tiefem Misstrauen: Sie galt als giftig. Dennoch kultivierten zahlreiche Hofgärtner die Pflanze als botanische Rarität mit hohem Zierwert. Im 18. Jahrhundert begannen die Italiener, die Tomate als Nahrungspflanze im großen Umfang anzubauen, schon bald folgten die Franzosen.

Nach Deutschland kam der „Liebesapfel" erst 1890. Als Gemüsepflanze wurde sie ab Beginn des letzten Jahrhunderts genutzt. Unmittelbar vor dem 1. Weltkrieg gab es nur 25 ha Tomatenflächen – heute sind es in Deutschland allein unter Glas oder Folientunnel über 300 ha und weitere 200 ha im Freiland. Vor dem 2. Weltkrieg gab es hier bis zu 2000 ha Tomatenanbau. In Deutschland reifen je nach Witterung zwischen 45000 und 50000 t Tomaten (2001: 46000 t), in Österreich liegt die Erntemenge bei 27000 t (2001).

Die Tomate in der Welt

Die Tomate ist weltweit eine der bedeutendsten Kulturpflanzen. Die Familie der Nachtschattengewächse, aus der sie stammt, umfasst 85 Gattungen mit 3000 Arten. Ein Fünftel der Weltjahresernte an Gemüse entfällt auf Arten dieser Familie: Tomaten, Kartoffeln, Paprika, Auberginen, Andenbeeren, Pepinos und Baumtomaten.

TOP TEN DER TOMATENWELTERNTE 2001

	Mio t		Mio t
China	**20,1**	Ägypten	**6,6**
USA	**12,3**	Spanien	**3,9**
Indien	**8,5**	Iran	**3,0**
Italien	**6,9**	Mexiko	**2,2**
Türkei	**6,8**	Griechenland	**2,0**

Jährlich bedecken Tomaten über 3 Millionen Hektar Anbauflächen weltweit. Hier reifen knapp 100 Millionen Tonnen der sonnenhungrigen Frucht. Die Hälfte davon wächst in Asien, jeweils ein Fünftel in Amerika und Europa, das restliche Zehntel entfällt auf Afrika. Das Land, das mit Abstand am meisten Tomaten erntet, ist China mit 20 Millionen Tonnen. Italien, das Hauptanbauland der EU, steht erst an vierter Stelle, Spanien folgt auf Rang 7 der Welterzeugung.

Verrückter Tomatenbrauch

Obwohl Spanien in Europa erst an dritter Stelle in der Statistik der wichtigsten Tomaten-Anbauländer steht und weltweit nur auf Rang 7 liegt, hat das Land etwas Einmaliges zu bieten und beweist so das besondere Verhältnis zur Tomate. Am letzten Mittwoch im August findet jedes Jahr im 10 000-Einwohner-Städtchen Bunol, 30 km von Valencia entfernt, die große Tomatenschlacht „La Tomatina" statt. Hierfür werden eigens einige Tonnen vollreifer Tomaten auf den Marktplatz gekippt. Genau zur Mittagsstunde beginnen die Einwohner sich mit Tomaten zu bewerfen; zunehmend beteiligen sich auch Touristen. Im vergangenen Jahr nahmen 35 000 Tomaten-Krieger an dieser verrückten „Ketchup-Party" teil. Die Regel schreibt vor, dass der Werfer zuvor die Frucht in der Hand zerquetscht. Diese einzigartige Festform zu Ehren des Heiligen Luis Beltran dauert exakt eine Stunde – danach ist das Straßenbild einheitlich rot gefärbt. Ein Kanonenschuss zeigt Anfang und Ende des blutroten Treibens an. 2002 wurden in Bunol über 140 t Tomaten zermatscht, das Püree stand kniehoch in den Straßen. 15 000 € investiert die Stadtverwaltung in die Rohware; die zahlreichen Touristen bringen das spielend wieder ein.
Der farbintensive Brauch reicht bis zum Jahr 1944 zurück. Immer wieder haben die Behörden versucht, diese Tomatenorgie zu unterbinden. 1959 hob die Stadtverwaltung das Verbot endgültig auf und seit 1975 ist sie selbst der Organisator.

Einen guten Einblick in das Tomaten-Volksfest erhält man über Internet unter dem Suchbegriff „La Tomatina Tomatenschlacht".

Treulose Tomate

Dass ausgerechnet die Tomate als Inbegriff der Treulosigkeit gilt, hat ihren Ursprung im Ersten Weltkrieg. Italien war zunächst mit Deutschland verbündet und hielt sich aus dem Kriegsgeschehen heraus. Als sich das „Tomatenland" 1915 auf die Gegenseite schlug, setzte man die treuebrüchigen Italiener mit den in Deutschland seinerzeit so unzuverlässig fruchtenden Tomaten gleich. Damit war die Redewendung von der treulosen Tomate geboren. Heute besteht gute Freundschaft mit Italien und auch im deutschsprachigen Raum wächst dieses „italienische" Gemüse inzwischen problemlos – die Redewendung ist geblieben.

3

tomaten selbst ziehen

DIE PROBLEMLOS ZWEI METER HOCH WACHSENDEN TOMATENPFLANZEN TRAGEN IM FREILAND UND GEWÄCHSHAUS, AUF BALKON UND TERRASSE VON JULI BIS OKTOBER REICHEN ERTRAG AN AROMATISCHEN FRÜCHTEN.

Vollaromatisch, saftig-frisch, würzig und gut schnittfest, das sind die Ansprüche, die eine Tomatensorte erfüllen muss, wenn sie den Genießergaumen erfreuen soll. Solche kulinarischen Delikatessen wachsen vorwiegend in Großvaters Garten.

Allerdings sind fast alle hocharomatischen Sorten den heutigen Verbrauchern zu weich. Sie sind die knackharten Früchte aus dem Ausland gewohnt, die speziell auf Festigkeit hin gezüchtet wurden, um die langen Transportwege unbeschadet zu überstehen. Dass dabei das Aroma buchstäblich auf der Strecke bleibt, stört jedoch immer mehr Konsumenten.

Säen oder pflanzen?

Der Geschmack war so lange ein untergeordnetes Kriterium bei der Tomatenzüchtung, bis die Tomate den Ruf des vierten Aggregatzustandes des Wassers hatte. Ertrag, Farbe, Haltbarkeit, Festigkeit stimmten, trotzdem kam kein Genuss mehr auf beim Tomatenessen. Die Folge war der Trend zu Longlife- und Rispentomaten im Marktanbau und zur Suche nach wohlschmeckenden Raritäten im Hobbybereich.

Der Gartenfreund ist hier eindeutig im Vorteil. Er kann schmackhafte Sorten wählen und die Tomaten an der Pflanze ausreifen lassen, so dass sich die sortentypische Aromafülle zur Gänze entwickelt. Selbst wenn man eine Standardsorte aus dem Gartencenter wählt, ist die Wahrscheinlich-

keit groß, dass die geernteten Früchte besser schmecken als das Frischfrucht-Angebot des Handels – eben weil sie bis zur Vollreife an der Pflanze verbleiben können.

Wer die Mühe nicht scheut, kann eine von Natur aus mit reichem Aroma ausgestattete Sorte wählen, muss dann allerdings vielfach die Pflanze selbst ziehen, weil solche intensiven Geschmacksträger meist nur in Form von Saatgut verfügbar sind. Ist man aber dazu bereit, steht eine große Auswahl interessanter Neuzüchtungen und wieder entdeckter alter Sorten zur Auswahl (Beschreibungen im Kapitel „Farben & Formen", siehe auch Sorten-Übersicht, Seite 61). Wer ertragreiche, robuste Standardsorten sucht, wird bei den zahlreichen Spezialsaatgut-Anbietern genauso fündig wie der Liebhaber von ausgefallenen Raritäten.

Gute Tomaten-Jungpflanzen haben dunkelgrüne, intakte Keimblätter (die beiden untersten, ungefiederten Blätter) und einen kompakten Wuchs, so dass sie in diesem Entwicklungsstadium noch ohne Stütze stehen können. Bestenfalls ist bereits der erste Blütenstand zu sehen.

SAMEN SELBST GEWINNEN

EIGENES SAATGUT ZU GEWINNEN IST GANZ EINFACH: DIE SAMEN VOLLREIFER FRÜCHTE HERAUSLÖSEN, IN EINEM SIEB GRÜNDLICH ABSPÜLEN UND ZUM TROCKNEN AUSLEGEN. GUT ABGETROCKNETE SAMEN BEHALTEN MEHRERE JAHRE IHRE KEIMFÄHIGKEIT, WENN SIE LUFTDICHT VERSCHLOSSEN KÜHL UND TROCKEN LAGERN.
AUS DEN SAMEN ENTSTEHT ABER NUR WIEDER DIESELBE SORTE, WENN DIE TOMATENFRUCHT VON EINER SAMENECHTEN SORTE STAMMT. DA TOMATEN SICH SELBST BESTÄUBEN, HABEN DIE NACHKOMMEN DANN AUCH DIESELBEN EIGENSCHAFTEN WIE DIE MUTTERPFLANZE. BEI HYBRIDSORTEN, ERKENNBAR AM „F1" HINTER DEM SORTENNAMEN, STAMMT DER POLLEN VON EINER ANDEREN SORTE, SO DASS IMMER NUR DIE UNMITTELBAREN NACHKOMMEN (ALSO DIE GEKAUFTEN SAMEN AUS DER SAMENTÜTE) DIE GEWÜNSCHTEN EIGENSCHAFTEN AUFWEISEN. DIE NACHZUCHT AUS SELBST GEWONNENEN SAMEN SOLCHER F1-HYBRIDEN SPALTEN SICH IN VÖLLIG UNTERSCHIEDLICHE PFLANZEN AUF.

Rechtzeitig aussäen

Auch mit optimal keimfähigem Saatgut ist etwas Fingerspitzengefühl erforderlich, dass sich daraus auch kräftige und gesunde Jungpflanzen entwickeln. Die wichtigste Voraussetzung ist ein wirklich heller Platz mit entsprechender Temperaturführung. Da von der Aussaat bis zur Pflanzung etwa acht Wochen verstreichen, hängt der Sätermin vom geplanten Pflanzzeitpunkt ab. In milden Weinbauklimaten können die Jungpflanzen ab Ende April ins Freiland – dann wird schon Anfang März ausgesät. Das gilt auch für Gewächshaustomaten in weniger günstigen Klimaten. Sind Spätfröste zu befürchten, liegt der Pflanzzeitpunkt nach den Eisheiligen, also Mitte Mai. Dann sollte die Aussaat erst in der zweiten Märzhälfte erfolgen.

Für das Aussäen empfiehlt sich spezielle Anzuchterde, aber nährstoffarme Blumenerde oder ungedüngter, keimfreier Gartenboden ist auch denkbar. Die ausgesäten Samen dürfen nur 5 mm hoch mit Erde bedeckt sein. Vorsichtiges Andrücken und Angießen mit lauwarmem Wasser sind die nächsten Arbeitsschritte. Die optimale Keimtemperatur liegt bei 22 bis 25 °C, sie sollte nicht unter 20 °C sinken. Dann keimen nach ein bis zwei Wochen die Samen aus. Die ersten Keimlinge im Anzuchtgefäß entwickeln sich meist zu den fruchtbarsten Pflanzen. Wer jetzt rasch pikiert, also die kräftigsten Keimlinge im Abstand von gut 10 cm in eine neue Pflanzschale mit einer etwas nährstoffhaltigeren Blumenerde setzt, erhält optimale Jungpflanzen.

Leere Eierkartons sind dankbare Anzuchtgefäße – allerdings nur, wenn die Keimlinge nach dem Auflaufen rasch in Pflanzschalen pikiert werden.

Pflege der Jungpflanzen

Von nun an ist es wichtig, dass die Pflanzen viel Licht bekommen und die Raumtemperatur tags um 20 bis 22 °C, nachts möglichst um 16 bis 18 °C beträgt. Alle zwei Wochen sind die Pikierlinge für eine schwache Düngerlösung dankbar. Gleichmäßig feuchte, aber nicht zu nasse Erde bekommt den Zöglingen am besten.

Wenn die Pflänzchen 6 bis 8 cm hoch sind, erhält jedes einen mindestens 10 cm großen Topf mit guter Pflanzerde. Viel Licht bleibt unverändert ein unabdingbarer Wachstumsfaktor. Werden die jungen Tomaten zu dunkel gehalten, entwickeln sich nur lange, schwache Pflänzchen; die Gärtner bezeichnen dieses Phänomen als Vergeilen.

Sind je nach Region Ende April bis Mitte Mai keine Nachtfröste mehr zu erwarten, kommen die Zöglinge ins Freiland. Bis dahin sollte man die Pflänzchen ruhig ab und zu ins Freie stellen, damit sie sich an die Bedingungen unter freiem Himmel gewöhnen.

VEREDELTE TOMATEN

IM ERWERBSANBAU BEREITEN MOSAIK-VIREN, VERTICILLIUM-WELKE, FUSARIUM-WELKE UND DIE KORKWURZEL-KRANKHEIT PROBLEME. GEGEN DIESE KRANKHEITEN SCHÜTZT DAS VEREDELN DER TOMATENSORTE AUF DIE WILDTOMATEN-KREUZUNG BEAUFORT F1 ALS UNTERLAGE. IM GARTEN IST KRAUT- UND BRAUNFÄULE DAS GRÖSSTE PROBLEM – DAGEGEN HILFT VEREDELN LEIDER NICHT. TENDENZIELL WACHSEN GEPFROPFTE TOMATEN ABER KRÄFTIGER UND LIEFERN MEHR UND HOCHWERTIGERE FRÜCHTE ALS NICHT VEREDELTE (WURZELECHTE) PFLANZEN. DIE VEREDLUNG ERFOLGT BEREITS IM KEIMBLATTSTADIUM, ES HANDELT SICH DABEI UM DAS VERFAHREN DER KOPFVEREDLUNG: UNTERLAGEN- UND SORTENPFLANZE WERDEN GERADE DURCHGESCHNITTEN, DAS OBERTEIL (KOPF) DER EDELSORTE KOMMT DANN AUF DIE WURZEL MIT STÄNGELANSATZ (FUSS) DER UNTERLAGE.

Dem Lichthunger entsprechen

Wie bei der Anzucht ist das Licht auch danach ein wichtiger Faktor. Die Tomate will einen vollsonnigen Platz, sie ist geradezu sonnenhungrig. Das volle Aroma entfaltet die Frucht nur, wenn sie reichlich Sonne sammeln konnte. Deshalb ist die Tomate eine ausgesprochene Saisonfrucht, auch wenn sie rund ums Jahr angeboten wird. Wirklich gut schmecken nur die im Hochsommer gereiften „Sonnenanbeter".

Der Boden darf keinesfalls verdichtet sein. Ein hoher Humusanteil fördert die Durchlüftung. Ideale Wuchsbedingungen ergeben sich, wenn ein sehr großes Pflanzloch mit einem Eimer Kompost gefüllt und vor dem Einpflanzen gut mit der Gartenerde durchmischt wird. Auch Mist eignet sich gut für Tomaten.

Die Pflanztiefe entspricht exakt den Bedingungen im Anzuchttopf. Sitzen die Pflanzen tiefer, können sich Stängelkrankheiten eher ausbreiten, bei flacherem Einsetzen wachsen sie langsamer.

Jede Pflanze erhält einen Pfahl oder Spiralstab, auch Aufleiten an Schnüren ist machbar, sofern ein entsprechender Draht in etwa 2 m Höhe verläuft. Ideal ist es, die Tomaten in einer Reihe zu pflanzen, damit sie sich nicht gegenseitig beschatten und gut abtrocknen können. Der Abstand zwischen den Pflanzen sollte gut 50 cm betragen.

Den Durst stillen

Bei der Wasserversorgung gibt es ein absolutes Tabu: der Sprinkler. Sämtliche Blätter sollten während der ganzen Vegetationsperiode trocken bleiben. Dazu verhelfen einerseits der Regenschutz und andererseits die Technik des Gießens.

Der Fuß der Pflanze wird vorsichtig eingewässert. Dabei besteht ein alter Gärtnertrick darin, einen Ton- oder Plastiktopf mit der Öffnung nach oben so tief ins Pflanzloch zu setzen, dass nur etwa 5 cm über den Boden ragen. In diese künstliche Vertiefung lässt sich dann leichter ohne Gießkopf gießen. Der Gießkopf hat zwar den Vorteil, dass das Wasser nicht in einem Strahl auf den Boden trifft und ihn verschlämmt. Allerdings ist die Gefahr größer, dass Blätter versehentlich mit befeuchtet werden.

Unabhängig von der Gießtechnik gilt: Bewässert wird nach Bedarf. Der Boden sollte gut feucht sein, aber keinesfalls vernässen. Von der Bodenart hängt die Häufigkeit ab – Sandböden erhalten öfters kleine Gaben, Lehmböden seltener, dafür größere Gaben. Optimale Versorgung gewährleistet die Tropfbewässerung, im Idealfall mit Feuchtigkeitsfühler versehen. Ein wesentlicher Vorteil, abgesehen von der stets richtigen Wassergabe: Das Kleinklima an der Pflanzenbasis ist trockener, Pilzkrankheiten treten entsprechend seltener auf.

LINKS:
Tomaten brauchen humosen Boden, der reichlich Luft an die Wurzeln lässt. Kompost im Pflanzloch trägt wesentlich dazu bei.

RECHTS:
Beim Gießen dürfen die Tomatenblätter keinesfalls nass werden. Ein eingegrabener Topf erlaubt es, ohne Gießkopf zu gießen – die Erde verschlämmt auf diese Weise trotzdem nicht.

Dem Nährstoffbedarf genügen

Im guten Mist- oder Kompostbeet finden Tomaten einen Großteil der notwendigen Nährstoffe. Da dieses Fruchtgemüse zu den Starkzehrern zählt, sind vor allem auf leichten Böden weitere Düngergaben nötig. Biogärtner schwören hier auf Pflanzenjauche aus Brennnesseln oder Beinwell. Neben dem für Tomaten idealen Nährwert sollen die Tomaten einfach gesünder gedeihen und weniger Krankheiten bekommen.

Wann ein solcher „Energie-Trank" nötig ist, zeigen Tomaten ganz gut: Dicke, tief dunkelgrüne Blätter und eingerollte Triebspitzen weisen auf Überversorgung hin, bei Mangel hellen sich die älteren Blätter rasch auf, die jüngeren entwickeln sich weniger groß und üppig.

PFLANZENJAUCHE

EIN FASS JAUCHE IST RASCH BEREITET: AUF 10 L WASSER KOMMT 1 KG KRAUT – BRENNNESSEL, BEINWELL, RAINFARN UND SCHACHTELHALM IN MISCHUNGEN ODER NUR EINE ART. DAS GEFÄSS MUSS OFFEN BLEIBEN, BIS DIE JAUCHE VOLLSTÄNDIG VERGOREN IST – JE NACH TEMPERATUR DAUERT DIESER PROZESS EIN BIS ZWEI WOCHEN. EIN GITTER ODER NETZ VERHINDERT, DASS VÖGEL ODER ANDERE KLEINTIERE HINEINFALLEN. DER STRENGE GÄRGERUCH LÄSST SICH DURCH GESTEINSMEHL ETWAS MILDERN. WENN DIE FLÜSSIGKEIT NICHT MEHR SCHÄUMT, IST DIE JAUCHE GIESSBEREIT. FÜR TOMATEN IM PFLANZKÜBEL MUSS SIE 1:20 VERDÜNNT WERDEN, IM GARTENBEET GILT DAS VERHÄLTNIS 1:10.

Eine wenn auch teure Alternative zur Pflanzenjauche ist Langzeitdünger, der gemäß Mengenangabe auf der Packung schon beim Pflanzen in die Erde eingemischt wird und während der gesamten Vegetationszeit langsam und gleichmäßig Nährstoffe freisetzt.

Den Boden abdecken

Pflanzen, die einen gut luftdurchlässigen, gleichmäßig feuchten Boden schätzen, sind für eine Mulchschicht dankbar.

Dafür eignen sich Rasenschnitt, ausgerissenes Unkraut, Stroh oder sonstige Pflanzenreste. Für Tomaten besonders günstig sind Abdeckungen aus Brennnessel- und Beinwellblättern.

Eine Mulchschicht aus Rasenschnitt hält den Boden feucht und luftdurchlässig.

Die Mulchschicht bietet viele Vorteile: Sie schützt vor Verdunstung, hält den Boden gleichmäßiger warm, unterdrückt Unkraut, verhindert Verschlämmungen und verbessert die Bodenstruktur.

Vor Kälte schützen

Außerhalb der Weinbauregionen oder bei sehr frühen Pflanzungen kann in den ersten Wochen ein Kälteschutz sinnvoll sein, sofern die Pflanzen nicht im Gewächshaus stehen.

Spezielle Folienhauben helfen über kalte Nächte. Sie werden den Pflanzen einfach übergestülpt. Da sich unter diesen Hauben die Luft staut, muss man sie so oft wie möglich tagsüber öffnen oder abnehmen. Bei intensiver Sonneneinstrahlung bildet sich sonst ein Verdunstungsniederschlag im Inneren der Haube, es können sogar Hitzeschäden entstehen. Der Luft- und Feuchtigkeitsstau begünstigt zudem Pilzkrankheiten.

Auf gute Nachbarschaft

Eigentlich vertragen sich Tomaten mit allen Nutzpflanzen im Garten. Der Mischkultur sind von daher kaum Grenzen gesetzt. Allerdings sollte man darauf achten, dass keine zu dichten Bestände entstehen, die für ein feuchteres Kleinklima und weniger Luftaustausch sorgen: Die Gefahr für Pilzkrankheiten steigt dann. Auch gleich hohe oder gar höhere Pflanzungen in unmittelbarer Nähe wirken sich ungünstig aus, vor allem wenn sie nicht nur den Luftaustausch behindern, sondern auch Schatten werfen.

Kälteschutzhauben behindern den Luftaustausch, also unbedingt tagsüber öffnen, um Pilzkrankheiten zu vermeiden.

Als weniger gute Nachbarn für Tomaten gelten Erbsen, Fenchel und Gurken – erwiesen ist die ungünstige Nachbarschaft aber nur für Kartoffeln. Dieses nah verwandte Nachtschattengewächs leidet unter denselben Krankheitserregern. Gerade die gefürchtete Kraut- und Braunfäule greift gerne über. Auch Beete, auf denen befallene Kartoffeln wuchsen, verbieten sich für mehrere Jahre als Tomatenstandort, da die Pilzsporen in der Erde geraume Zeit überdauern.

Passende Zwischen- bzw. Randbepflanzungen für den Tomatenbestand ergeben Kräuter wie Kapuzinerkresse, Thymian, Basilikum, Boretsch, Ringelblumen und Petersilie. Tagetes (Bild) sieht als Unterbepflanzung nicht nur hübsch aus, die Sommerblume wirkt sich auch positiv auf die Bodengesundheit aus.

Kleine Pflegehandgriffe

Es gibt einige Pflegeschritte, die den Sommer über kontinuierlich anfallen. Mit zunehmendem Längenwachstum wird weiteres Anbinden oder Aufleiten an Schnüren oder Spiralstäben erforderlich.

Da die Stabtomaten in den Blattachseln Seitentriebe bilden, zählt das Ausgeizen zu den wichtigsten Pflegehandgriffen. Es sollte erfolgen, wenn der kleine Seitentrieb 5 cm, maximal aber 10 cm lang ist. Diese Geiztriebe entziehen unnötig Assimilate. Je länger sie an der Pflanze verbleiben, desto größer wird auch die Wunde beim Ausbrechen. Eine Ausnahme bilden die niedrigen, kompakt wachsenden Buschtomaten. Hier entfällt Aufleiten und Ausgeizen weitgehend. Nachteile haben diese arbeitsarmen Tomaten jedoch auch: Sie liefern deutlich geringere Erträge und sind relativ anfällig für Pilzkrankheiten.

Ausgeizen meint das Ausbrechen der Seitentriebe, die in den Blattachseln des Mitteltriebes entstehen.

Hat die Pflanze ausreichend Blattmasse entwickelt, bricht man die untersten 2 oder 3 Blätter ab, damit der Luftaustausch in Bodennähe besser erfolgen kann. Diese bodennahen Blätter sind auch am stärksten pilzgefährdet. Oberhalb der Fruchtstände müssen die Blätter verbleiben, da sie die Tomaten vor Sonnenbrand schützen. Manche Gärtner schwören darauf, entfernte Geiztriebe oder Blätter unter der Pflanze zu belassen. Beim kleinsten Anzeichen von Befall ist es aber besser, die abgeschnittenen Pflanzenteile zu entsorgen, um zu vermeiden, dass sich Erreger weiter ausbreiten.

In den Blattachseln wachsen Seitentriebe (Geiztriebe), die so rasch wie möglich ausgebrochen werden müssen.

Im Gewächshaus, aber durchaus auch an windgeschützten Standorten im Freiland lohnt es sich, die Wirkung des Windes auf Tomaten zu simulieren. Das geht sozusagen im Vorbeilaufen und Handumdrehen: Die Pflanze ein- bis zweimal wöchentlich bei trockenem Wetter kurz schütteln, am besten um die Mittagszeit. Die Selbstbefruchtung der windbestäubenden Tomatenblüten wird dadurch gefördert. Die kleinen, gelben Blüten sind zwittrig, besitzen also jeweils männliche und weibliche Organe und bestäuben sich bei Wind selbst. Nur aus gut befruchteten Blüten entwickeln sich vollkommene Früchte.

Normalerweise reicht die Vegetationszeit bestenfalls für die Entwicklung von 6 bis 7 Fruchtständen. Mehr reifen erfahrungsgemäß bis zum Herbst nicht aus. Alle weiteren Ansätze werden wie die Geiztriebe entfernt. Zahlreiche Ratgeber empfehlen, die Tomatenpflanze nach der siebten Blütentraube zu köpfen, also die Triebspitze abzubrechen. Es hat sich aber bewährt, die Tomate weiter wachsen zu lassen und nur alle weiteren Blütenstände zu entfernen. Vorteil dieser geringfügig aufwändigeren Methode: Es steht bis spät ins Jahr gesundes, assimilationsfähiges Junglaub zur Verfügung, was sich besonders positiv auswirkt, wenn zahlreiche ältere Blätter durch Pilzkrankheiten ausgefallen sind. Tomatenexperten empfehlen, möglichst morgens auszugeizen oder Blütenstände zu entfernen, weil dann die entstandenen Wunden rasch eintrocknen.

TOMATENGRÜNE SEIFENHÄNDE

NICHT ALLE KINDER WASCHEN SICH GERNE DIE HÄNDE. IM SOMMER LÄSST SICH DARAUS EIN INTERESSANTES SPIEL MIT GARTENBEZUG MACHEN. ZUNÄCHST MÜSSEN DIE KINDER EINEN TOMATENGEIZTRIEB ODER EIN TOMATENBLATT KURZ IN DER HAND KNETEN UND SICH ANSCHLIESSEND MIT SEIFE DIE HÄNDE WASCHEN – pH-NEUTRALE WASCHLÖSUNGEN FUNKTIONIEREN NICHT. DER SEIFENSCHAUM UND DAS WASCHWASSER VERFÄRBEN SICH SOFORT INTENSIV HELLGRÜN, AUCH WENN DIE HÄNDE ZUVOR KEINE SICHTBAREN PFLANZENSPUREN ZEIGTEN.

Krankheiten begegnen

Vitale Pflanzen, die optimale Boden-, Licht- und Luftverhältnisse vorfinden, können ihre pflanzeneigenen Abwehrkräfte wirkungsvoll entfalten. Am meisten schadet nasskalter Boden. Überschüssiges Wasser behindert die gute Luftversorgung der Wurzeln und fördert Bodenpilze, die Verticillium-Welke und Korkwurzel-Krankheit hervorrufen. Bei kühler Witterung darf also nur ganz vorsichtig gewässert werden. Dass die Oberfläche rascher abtrocknet als der tiefer liegende Wurzelbereich, verleitet manchen Gärtner, zu viel zu gießen. Der Wasserüberschuss „erstickt" nicht nur die Wurzeln und fördert Bodenpilze, er bewirkt auch, dass die Luft zwischen dem Boden und den untersten Blättern feuchter bleibt. Dann können sich auf dem Blattwerk Pilzkrankheiten wie Kraut- und Braunfäule oder Samtflecken besser ausbreiten.

Krankheiten lassen sich zudem durch den Standortwechsel vorbeugen. Es gibt zwar vereinzelt die Empfehlung, Tomaten immer an dieselbe Stelle zu setzen. Das geht aber nur auf sehr leichten, gesunden Böden gut, wenn keinerlei Infektionsdruck herrscht. Ansonsten machen sich bodenbürtige Erreger breit. Es ist also besser, frühestens alle vier Jahre wieder auf dasselbe Beet Tomaten zu pflanzen, dann können sich die auf Tomaten spezialisierten Schaderreger nicht vermehren.

Das Pflanzen in einer Reihe fördert den Luftaustausch und beugt so Pilzkrankheiten vor.

Schreckgespenst Kraut- und Braunfäule

Während Verticillium, Fusarium, Korkwurzel-Krankheit und Nematoden vorwiegend dem Erwerbsanbau zu schaffen machen, sucht die Kraut- und Braunfäule fast jeden Garten heim.

In den letzten Jahren ist der Infektionsdruck stark gestiegen, da der Pilz witterungsbedingt ideale Bedingungen vorfand. Die von den Gartenliebhabern am meisten gefürchtete Tomatenkrankheit zeigt sich in Form von typischen Verbräunungen der Triebe, Blätter und Früchte, die Tomaten lassen sich nicht mehr verwerten oder reifen gar nicht erst aus. Schließlich stirbt die Pflanze ab.

Ursache ist der Pilz *Phytophthora infestans,* der auch Kartoffeln befällt. Findet er ständig feuchte Blätter vor – nach mehreren Regentagen beispielsweise – kann der Tomatenbestand innerhalb kürzester Zeit schlagartig zusammenbrechen. Ist die Krankheit erst einmal ausgebrochen, gibt es keine Gegenmaßnahmen mehr. Allerdings ist der Gärtner dem Schadpilz nicht völlig wehrlos ausgeliefert. Er kann recht wirksam verhindern, dass es so weit kommt.

- **Sortenwahl:** Von Natur aus widerstandsfähigere Sorten wählen, beispielsweise De Berao, Tigerella, Vitella oder Weiße Schönheit.
- **Standortwahl:** Sonniges Beet mit gut durchlüftetem Boden, auf dem sich nicht die Nässe staut.
- **Fruchtwechsel:** Frühestens alle vier Jahre Tomaten an dieselbe Stelle pflanzen.

- **Durchlüftung:** Nicht zu eng pflanzen und keine Gemüsearten daneben platzieren, die als Windschutz wirken oder gar Schatten werfen (etwa Mais oder Stangenbohnen).
- **Laubarbeiten:** Regelmäßiges Ausgeizen und Entfernen der untersten Blätter fördert die Durchlüftung, die Pflanzen trocknen rascher ab.
- Beim **Gießen** das Laub nicht befeuchten und durch eine Mulchschicht verhindern, dass Bodenwasser hoch spritzt.
- **Nachbarn:** Keine Kartoffeln in der Nähe pflanzen, da der Wind die Sporen des Krautfäule-Erregers auf die Tomatenpflanzen weht.
- **Befallene Blätter und Früchte** sofort entfernen und keinesfalls über den Kompost entsorgen, da die Sporen nicht verrotten, also infektiös bleiben.
- **Hygiene:** Pfähle, Stäbe, Drähte oder Schnüre nach Saisonende mit heißem Spülmittel-Wasser sorgfältig reinigen, auch Werkzeuge wie Scheren oder Spaten nicht vergessen.

Am wirkungsvollsten lässt sich der Kraut- und Braunfäule mit einem Regenschutz begegnen. Egal ob es sich um eine einfache Schutzhaube oder eine aufwändige Dachkonstruktion handelt: Sie darf keinesfalls verhindern, dass der Wind durchstreichen kann und ein feuchtes Kleinklima entsteht.

Weitere Krankheiten erkennen

Auch wenn die Kraut- und Braunfäule am meisten Ausfälle verursacht, ist es nützlich, möglichen anderen Krankheiten und Schädlingen wirksam zu begegnen. Den wirksamsten Schutz bieten auch hier die richtige Pflege und optimale Standortverhältnisse in Verbindung mit möglichst robusten Sorten. Grundsätzlich gilt: Je besser es der Pflanze geht, desto weniger anfällig reagiert sie auf Krankheiten und Schädlinge. Beispielsweise kommt Blattlaus-Befall vorwiegend bei zu stark mit Stickstoff gedüngten Tomaten vor, da der Versorgungsüberschuss zu schwammig-weichem Blattgewebe führt, das prall mit Assimilaten gefüllt ist und Läuse geradezu anlockt.

Befindet sich der Garten im ökologischen Gleichgewicht, sind meist ausreichend Nützlinge vorhanden, um die wenigen Tomatenschädlinge in Schach zu halten. Allerdings darf der Garten im Herbst nicht leer gefegt werden, damit die Nützlinge Unterschlupf finden und gleich im Frühling ihre Pflanzenschutzwirkung entfalten können. Bei hohem Befallsdruck und besonders im Gewächshaus helfen aktiv ausgebrachte Nützlinge, die der Gartenfachhandel anbietet. Auch einfache Maßnahmen wie Gelbtafeln schaffen Abhilfe.

Rosenkohl oder andere Kreuzblütler des Vorjahres blühen zeitig im Frühjahr. Eine oder zwei Pflanzen durchtreiben lassen reicht aus für eine gute Nützlingsweide im Garten.

Die häufigsten Schaderreger an Tomaten beschreibt die Tabelle auf Seite 36.

Gelbtafeln aufzuhängen ist eine der vielen Methoden, Schädlinge ohne chemischen Pflanzenschutz zu bekämpfen.

Den meisten lässt sich durch eine weite Fruchtfolge (mindestens vier Jahre Anbaupause auf einem Beet), luftdurchlässigen Boden und widerstandsfähige Sorten begegnen.

Es gibt auch Schäden, die ganz andere Ursachen haben und als nicht parasitäre Krankheiten oder physiologische Störungen bezeichnet werden.

Am meisten verbreitet ist die Blütenendfäule, die bei Kalziummangel entsteht, weil zu wenig Kalzium vorhanden ist oder zu viel Kalium die Aufnahme behindert. Bei Trockenheit kommt das Schadbild ebenfalls vor, da dieser Hauptnährstoff mit dem Verdunstungswasser in die Früchte transportiert wird und entsprechend Mangel entsteht, wenn die Pflanze zu wenig transpirieren kann. Auch bei sehr hoher Luftfeuchtigkeit verdunsten die Pflanzen zu wenig Wasser, um die Früchte ausreichend mit Kalzium versorgen zu können. Blütenendfäule beginnt zunächst als kleiner, eingefallener Fleck an der Blütenansatzstelle. Er wird zunehmend größer und dunkler und fault schließlich.

Ebenfalls auf physiologische Ursachen geht das Schadbild des Grün- oder Gelbkragens zurück. Es zeigt sich in Form von hartem, hellgrünem Fruchtgewebe am Stielansatz. Auslöser können Kaliummangel, aber auch hohe Fruchttemperaturen sein, wenn die Tomaten nicht von Blättern beschattet werden und direkter Sonneneinstrahlung ausgesetzt sind.

Tomaten im Pflanzkübel

Wer einen sonnigen Balkon besitzt, kann sich mit zwei oder drei Tomatenpflanzen den Traum der Aromatomate mit geringem Aufwand erfüllen. Notwendig sind helle, 10 l fassende Pflanzgefäße mit großen Wasserabzugsöffnungen, nährstoffreiche Pflanzerde, für jede Pflanze ein mindestens 150 cm langer Stab, große Untersetzer für einen guten Wasservorrat bei tageweiser Abwesenheit und etwas Düngemittel, um den Nährstoffhunger der Tomate zu stillen.

Tomaten-Pflanzgefäße sollten möglichst hell sein. Dunkelbraune oder schwarze Töpfe heizen sich im Sommer zu stark auf, die Pflanze wächst dann weniger gut.

Krankheiten und Schädlinge machen auf dem Balkon normalerweise keine Probleme. Es gilt allerdings auch hier: Vor Regenfällen sollten die Pflanzen geschützt sein und das Gießwasser darf die Blätter nicht benetzen. In Pflanzgefäßen ist es noch wichtiger als im Gartenboden, große Schwankungen zwischen feucht und trocken zu vermeiden. Bei zu viel Wasser leiden die Wurzeln. Trockenperioden fördern das Aufplatzen der Früchte.

Hochwertige Pflanzerden enthalten einen guten Nährstoffvorrat. Gemäß Hersteller-Angaben lassen sich auch die richtigen Mengen an Langzeitdünger unter die Pflanzerde mischen, so dass die Tomaten bis Vegetationsende versorgt sind.

Ansonsten bietet sich Flüssigdünger an – je nachdem, wie intensiv dunkelgrün die Blätter aussehen, wird die angegebene Düngermenge im Gießwasser erhöht oder vermindert.

Neben dem Fruchtnutzen haben Tomatenpflanzen einen hohen Zierwert, vorausgesetzt, sie sehen vital aus und kümmern nicht vor sich hin. Dekorativ wirken auch Kombinationen mit Kräutern, anderen Gemüsearten oder Sommerblumen.

Mit Petersilie, Basilikum, Thymian und Schnittlauch als Unterbepflanzung sind gleich die zu Tomatengerichten passenden Kräuter verfügbar.

Tomaten im Balkonkasten

Seit einigen Jahren sind Buschtomaten in Mode gekommen. Sie wachsen buschig verzweigt und werden kaum höher als 60 bis 80 cm, bieten sich also als Balkonbepflanzung an. Einige Sorten schmecken zwar recht gut, vom Ertrag her befriedigen sie aber im Vergleich zu den hochwüchsigen Sorten keineswegs. Von diesen als unbegrenzt wachsende Sorten bezeichneten Stabtomaten – sie werden je nach Standort über 2 m hoch – kann man auch auf dem Balkon mindestens 3 kg Früchte ernten. Buschtomaten liefern bestenfalls die Hälfte.

Allerdings müssen die niedrig wachsenden Sorten ganz anderen Ansprüchen genügen. Gerade auf dem Balkon steht der Zieraspekt etwas mehr im Vordergrund, der Ertrag ist hier nicht das Hauptkriterium. Vielfach kommt es gerade auf den niedrigen Buschcharakter an, damit zusammen mit der übrigen Bepflanzung ein harmonisches Gesamtbild entsteht. Zu den Sorten mit dem niedrigsten Wuchs zählen Balkonstar (Balkonzauber) mit 30 cm und Gnom mit 40 cm Höhe. Wie die recht kälteverträgliche Züchtung Sub Arctic Plenty eignen sie sich auch für Blumenampeln.

Tomaten als Sichtschutz

Wenn die Besonnung stimmt, lassen sich mit Tomatenpflanzen attraktive Sichtschutzwände gestalten oder Wände begrünen. Ein dünnes Lattengerüst oder Schnüre zum Aufleiten genügen. Am einfachsten lässt sich diese Funktion mit stark wachsenden Sorten erfüllen. Dazu zählt die Züchtung De Berao, die 3 m Höhe erreichen kann und deshalb auch „Baumtomate" heißt.
Es bietet sich an, die Pflanzen nicht wie im Garten oder Pflanzkübel eintriebig zu erziehen, sondern zwei bis drei Haupttriebe am Gerüst verteilt aufzuleiten. Einen dichten Sichtschutz bietet die wie De Berao gegen Kraut- und Braunfäule widerstandsfähige Johannisbeertomate. Bei dieser Wildtomate mit je nach Selektion gelben oder roten Früchtchen entfällt das Ausgeizen.

Krankheiten und Schädlinge

SCHADERREGER	BEFALLSYMPTOME	GEGENMASSNAHMEN
Kraut- und Braunfäule (Pilz)	Verbräunung der Blätter, Triebe, Früchte; Absterben	*siehe Seite 31*
Stängelfäule (Pilz)	Welken und Absterben der ganzen Pflanze	*widerstandsfähige Sorten, Standort wechseln, Nässe vermeiden*
Samtflecken-Krankheit (Pilz)	gelbe Flecken auf den Blättern, unterseits samtartiger Belag (nur im Gewächshaus)	*resistente Sorten, befallene Blätter entfernen, gut belüften*
Fusarium-Welke (Pilz)	Welken der ganzen Pflanze, braun verfärbte Gefäße	*veredelte Pflanzen, resistente Sorten, Standort wechseln*
Verticillium-Welke (Pilz)	Welken der Blätter an der Triebspitze	*veredelte Pflanzen, resistente Sorten, Standort wechseln, Nässe vermeiden*
Korkwurzel-Krankheit (Pilz)	Abstoßen der Blüten, Verfärben der Blätter, dann Welken der Pflanze	*veredelte Pflanzen, resistente Sorten, Standort wechseln, Nässe vermeiden*

SCHADERREGER	BEFALLSYMPTOME	GEGENMASSNAHMEN
Bakterienwelke (Bakterium)	Welken und Absterben einzelner Blattfiedern, hohle Verbräunungen an den Früchten	*gebeiztes Saatgut, Standort wechseln*
Tomatenmosaik-Virus (Virus)	hell- und dunkelgrüne Mosaikverfärbung der Blätter	*resistente Sorten, wärmebehandeltes Saatgut, kranke Pflanzen vernichten*
Nematoden (Fadenwürmer)	Kümmerwuchs, Wurzelverdickungen	*veredelte Pflanzen, resistente Sorten, Standort wechseln*
Weiße Fliege (Insekt)	1 bis 2 mm große, mottenähnliche weiße Insekten auf der Blattunterseite	*Gelbtafeln, Schlupfwespe Encarsia formosa, Kaliseife-Präparate*
Blattlaus (Insekt)	Läusekolonien oder einzelne Läuse auf Blättern, Blüten und Trieben	*nicht überdüngen, Florfliegen und Gallmücken, Kaliseife-Präparate*

4

farben & formen

DIE VIELFALT DER ÜBER 1 000 TOMATENSORTEN IST VERWIRREND. DER BLICK AUF DIE SORTE LOHNT SICH ABER, DENN IN BEZUG AUF INHALTSSTOFFE UND AROMA UNTERSCHEIDEN SIE SICH GENAUSO STARK WIE BEI FORM, FARBE UND FRUCHTGRÖSSE.

Die Tomate zählt als Nachtschattengewächs zu einer umfangreichen Familie. Ihre 85 Gattungen zählen 3 000 Arten, darunter neben Kartoffel, Paprika und Aubergine auch Petunie, Tabak und Stechapfel. Betrachtet man nur die eine Art Tomate, zeigt sich wiederum eine verwirrende Vielfalt. Der wissenschaftliche Namen *Lycopersicon esculentum* bedeutet „essbarer Wolfspfirsich".

Die Gattung Lycopersicon ist noch nicht abschließend erforscht. Derzeit rechnet man ihr neben unserer Kulturtomate sieben weitere Arten zu. Die meisten lassen sich untereinander kreuzen. Einige davon wurden als wertvolle Zuchtpartner erkannt, da sie gegen verschiedene Krankheiten Resistenzen zeigen.

Die weltweit angebaute Kulturtomate *Lycopersicon esculentum* lässt sich in Untergruppen einteilen, um die vielen verschiedenen Sortentypen zuordnen zu können. Diese botanischen Untergruppen erhielten ebenfalls lateinische Bezeichnungen:

Lycopersicon esculentum

- var. *esculentum* – Gartentomate
- var. *cerasiforme* – Cocktail- oder Kirschtomate
- var. *pyriforme* – Birnenförmige Tomate (Cocktail-Typ)
- var. *grandifolium* – Kartoffelblättrige Tomate
- var. *validium* – Kompaktwachsende Tomate

Die Gruppe der Cocktailtomaten ist sehr farben- und formenreich.

Hellfrucht-Tomaten wie Culina sind vor der Reife einheitlich hellgrün.

Einteilungskriterien

Für den einfachen Tomatenesser sind Sorteneinteilungen interessanter, die als Zuordnungskriterium die Eigenschaften der Frucht wählen.

Sortenkundler differenzieren zunächst nach der Farbe der unreifen Frucht in geflammte und ungeflammte Sorten.

Geflammte Sorten zeigen am Kelchende vor der Reife dunkelgrüne Streifen auf etwas hellgrünerem Untergrund.

Ungeflammte Sorten sind vor der Reife einheitlich grün und werden auch als „Hellfruchttyp" bezeichnet. Hellfrucht bezieht sich nicht auf die Rotintensität der reifen Frucht, sondern auf die Grünfärbung vor der Reife.

Die Fruchtgröße hängt ab von der **Anzahl der Fruchtkammern** im Inneren. Danach lassen sich die Tomatensorten in vier Gruppen untergliedern:

- **Fleischtomaten** sind groß, flachrund, teilweise auch leicht gefurcht und haben mindestens vier, meist aber 8 bis 10 Fruchtkammern.
- **Übergangs- oder Zwischentypen** bilden 3 bis 5 Kammern aus und sind rundlicher als Fleischtomaten.
- Die **mittelgroßen Rund- oder Kugeltomaten** haben meist 2, manchmal auch 3 Fruchtkammern, sind gleichmäßig rund und vollständig glatt.
- Die **kleinfruchtigen Kirsch- oder Cocktailtomaten** enthalten 2 Fruchtkammern und sind ebenfalls glatt und rund.

Früchte mit mehr als drei Fruchtkammern zählen zu den Fleischtomaten.

Weniger zum Frischverzehren als für die Verarbeitung eignen sich **Eier-, Flaschen- oder Romatomaten**. Sie haben eine längliche Form, enthalten weniger Wasser und schmecken aufgrund des höheren Stärkegehaltes etwas mehlig. Sie werden vorwiegend zu Saft, Mark, Ketchup und Schältomaten verarbeitet.

Als **Paprikatomaten** bezeichnet man Sorten, die ähnlich wie Paprika innen hohl sind. Sie eignen sich hervorragend zum Füllen. Den Namen haben sie allein dieser Eigenschaft wegen, es handelt sich keinesfalls um Kreuzungen zwischen Tomate und Paprika.

Der Wuchshabitus gibt eine weitere Einteilung vor: **Stabtomaten** heißen Sorten, die so stark in die Länge wachsen, dass sie eine Stütze oder Schnüre zum Aufleiten benötigen. Im Gegensatz dazu hören **Buschtomaten** nach 4 bis 5 Fruchtständen auf, in die Länge zu wachsen.

Im Zusammenhang mit der Ernte fallen vor allem folgende zwei Begriffe: **Rispentomate** und **Longlife-Tomate**.

Der erste Begriff bezieht sich auf die Erntetechnik. Bei diesen Sorten reifen die Früchte innerhalb eines Fruchtstandes gleichzeitig, so dass die gesamte Traube geerntet und auch so vermarktet wird. Meist hängen 5 bis 7 Früchte an einer solchen „Rispe", es gibt aber auch Sorten, die bis über 10 Früchte gleichzeitig ausbilden. Für die Rispenernte eignen sich Sorten wie Aranca, Furore, Jamaica und Rougella.

Rispentomaten haben weitere Namen wie Trauben-, Dolden-, Strauch- oder Trosstomaten.

Bei Rispentomaten reifen die Früchte gleichzeitig.

Der Begriff „Longlife-Tomate" bezieht sich auf die Haltbarkeit nach der Ernte. Sorten, die nach dem Pflücken lange fest und frisch bleiben, also ein langes Shelflife („Leben im Regal") haben, bezahlen diese Eigenschaft meist mit Abstrichen beim Geschmack. Fast durchweg sind es die rasch weich werdenden Sorten, die so richtig vollmundig nach Tomate schmecken.

SAMENFEST ODER F1-HYBRIDE

IST EINE TOMATENSORTE SAMENFEST, LÄSST SIE SICH DURCH AUSSAAT DER AUS IHREN FRÜCHTEN GEWONNENEN SAMEN PROBLEMLOS NACHZIEHEN – DIE NACHKOMMEN ENTSPRECHEN WIEDER DEN MUTTERPFLANZEN. STEHT HINTER EINEM SORTENNAMEN DER BEGRIFF F1-HYBRIDE ODER NUR F1, HABEN NUR DIE SAMEN DIESER GENERATION DIE GEWÜNSCHTEN SORTENMERKMALE. DIE NACHKOMMEN, ALSO AUS DEN FRÜCHTEN GEWONNENE SAMEN, SPALTEN AUF: JEDE PFLANZE ZEIGT ANDERE EIGENSCHAFTEN. EINE F1-HYBRIDE IST EINE ZÜCHTUNG, DIE AUS ZWEI REINERBIGEN ELTERNSORTEN ENTSTANDEN IST. DIE F1-HYBRIDEN UNTER DEN PORTRÄTIERTEN SORTEN SIND IN DER SORTENTABELLE (S. 61) GEKENNZEICHNET.

Tomatensorten im Porträt

Der Sortenkatalog der EU umfasst weit über 1 000 Tomatensorten. Jede Anbauregion hat ein ihrem Standort entsprechendes Sortiment. Im Verkaufsregal finden sich fast nie die Namen der angebotenen Sorten, bestenfalls sind das Herkunftsland und Bezeichnungen wie Fleisch-, Cocktail- oder Rispentomate angegeben. Der Überblick beschreibt eine Auswahl der bei Samenfirmen am häufigsten vertretenen Sorten, darunter auch einige Sorten, die sich im Erwerbsanbau durchgesetzt haben. Raritäten und Liebhabersorten, die leicht zu beziehen sind, finden sich ebenfalls in der Auflistung.

COCKTAILTOMATEN

Bistro
Frühe, ertragreiche, auch für das Gewächshaus geeignete Cocktailtomate mit aromatischen Früchten an langen Trauben.

Black Pear
Stark rankend und verzweigt wachsende Sorte aus Moskau mit dunkelvioletten bis braunen, etwas länglichen Früchten. Sie schmecken süß und sind platzfest.

Delicado
Gegen Tomatenmosaik-Virus widerstandsfähige Neuzüchtung mit bis zu 40 cm langen Trauben und leuchtend roten Früchten.

Evita
Bewährte Cocktailtomate mit hellroten, rundlichen, süß-aromatisch schmeckenden Früchten an langen, teilweise verzweigten Trauben. Die Pflanze zeigt kräftigen, gesunden Wuchs und bringt hohe Erträge. Widerstandsfähig gegen Tomatenmosaik-Virus.

Gardeners Delight
Die auch als Gärtners Wonne bezeichnete Sorte gilt in England als die aromatischste Cocktailtomate. Freude bereitet auch der sehr hohe Ertrag.

Gelbe und Rote Birnenförmige
An mittellangen Rispen sitzen die leuchtend gelben Cocktailtomaten. Auffallend ist die ausgeprägte Birnenform. Auch die rotfruchtige Variante hat eine zarte Haut und neigt dadurch bei unregelmäßiger Wasserversorgung zum Platzen. Ertrag und Geschmack sind durchschnittlich.

Gelbe Mirabelle
Die gelborange gefärbte, mäßig ertragreiche Cocktailtomate heißt auch Gelbe Clementinentomate, da ihr säuerlich-frischer Geschmack an Südfrüchte erinnert. Die Früchte sind nur so groß wie Mirabellen. Wenig anfällig für Braunfäule.

Golden Currant
Die 2 cm großen, goldgelben Früchte sitzen in zweireihigen Trauben. Sie schmecken angenehm fruchtig. Die Pflanze wächst ausgesprochen stark.

Lylia
Leuchtend rote Cocktailtomate mit großen Trauben voller dünnschaliger, frisch-aromatisch schmeckender Früchte. Pflanze und Frucht zeigen wenig Krankheiten. Überaus beliebte Naschfrucht.

Maiglöckchen

Die wüchsige Cocktailtomate bringt zahlreiche kleine, rot gefärbte Früchte hervor, die wie die roten Beeren der Maiglöckchen an einem kleinen Stiel hängen. Die Pflanze hat eine gute Widerstandskraft gegen Tomatenkrankheiten.

Olirose

Olive in Rosa, so lässt sich diese vergleichsweise kleinfruchtige Tomatensorte beschreiben. Die Früchte sind zwar größer als Oliven, die Form entspricht jedoch dem Namensgeber. „Rosa" bezieht sich auf das rosafarbene Fruchtfleisch mit seinem zuckrig-köstlichen Aroma.

Orange Bourgoin

Bestechend an dieser leuchtend orangefarbenen Cocktailtomate ist der Geschmack der gut mirabellengroßen, in stark verzweigten Trauben sitzenden Früchte: Sie sind saftig, mildsüß, fruchtig-frisch und außergewöhnlich aromatisch.

Supersweet 100

Frühreife Cocktailtomate mit sehr aromatischen, 2,5 cm großen Früchten an 30 cm langen Rispen. Widerstandsfähig gegen Fusarium- und Verticillium-Welke.

Weiße Mirabelle

Die wenig krankheitsanfällige Cocktailtomate bringt üppige Ernten hervor. Die kugeligen, gut mirabellengroßen Früchte mit ihrer hellgelben Haut sitzen an großen Trauben. Das ebenfalls helle Fruchtfleisch schmeckt leicht säuerlich.

Sweet Cherry

Gegen Fusarium-Welke und Alternaria-Stielfäule widerstandsfähige Züchtung für Gewächshaus und Freiland. Die platzfesten Früchte schmecken gut.

White Currant

Die hellgelben Früchte sind mit 1,5 cm etwas größer als bei Red Currant und Yellow Currant. Die platzfeste Sorte kommt mit Nässe gut zurecht.

RUNDTOMATEN

Culina

Ertragreiche Erwerbssorte mit hellroten, gleichmäßig geformten, leicht flachrunden Früchten. Werden die Tomaten nicht bereits grünlich rot geerntet, verliert das Fruchtfleisch rasch seine Festigkeit und eignet sich nicht mehr für die Vermarktung.

De Berao

Gegen Kraut- und Braunfäule gut widerstandsfähige Besonderheit. Die kleinen, ovalen Früchte sind saftig, dabei gut schnittfest, platzen aber bei Feuchtigkeitsschwankungen. Die bis 3 m hoch wachsenden Pflanzen ertragen auch kühlere Perioden.

Diplom

Frühe Hellfrucht-Tomate mit großen, gut schmeckenden Früchten. Die kräftig wachsenden Pflanzen sind widerstandsfähig gegen Samtflecken, Mosaik-Virus, Verticillium- und Fusarium-Welke.

Furore

Bewährte Rispentomate mit hohen Erträgen an intensiv roten, an der Rispe gut haltbaren Früchten. Sie reifen gleichmäßig heran, die einzelnen Tomaten sind angenehm groß und regelmäßig geformt, sie schmecken gut.

Goldene Königin

Gleichmäßig geformte, leuchtend gelbe Rundtomate mit festem, mild-fruchtigem Fruchtfleisch. Die wüchsigen Pflanzen liefern gute Erträge und sind nicht sehr anfällig für Krankheiten.

Harzfeuer

Verbreitete Frühsorte mit aromatischen, eher kleinen Früchten, robust und wuchsfreudig.

Hildares

Ertragreiche Frühsorte des Hellfruchttyps, gleichmäßig in Form und Farbe.

Hilmar

Sehr frühreife, ertragreiche Hellfrucht-Tomate mit festen, platzsicheren Früchten. Weithin bewährte, samenfeste Freilandsorte.

Kalimba

Großfruchtige Rundtomate mit Resistenzen gegen Mosaik-Virus, Verticillium- und Fusarium-Welke. Die qualitativ hochwertigen Früchte wollen viel Sonne.

Königin von Sainte Marthe

Die krankheitsresistente Sorte mit ihren leicht flachrunden, regelmäßig geformten Früchten steht in Bezug auf die Beschaffenheit des Fruchtfleisches zwischen normalen und Fleischtomaten. Die festen, saftigen Früchte haben ein intensives Tomatenaroma.

Matina

Klassiche Rundtomate, die lange im Erwerbsanbau vertreten war. Ihre kugelrunden, leuchtend roten Früchte entsprechen dem Idealbild einer Tomate. Die wüchsigen Pflanzen liefern gute Erträge. Vollreif geerntet schmeckt Matina gut.

Moneymaker

Gute Sorte für sonnige Lagen; robust, ertragreich. Die Früchte sind mittelgroß.

Moravi

Gegen viele Krankheiten widerstandsfähige Hellfrucht-Sorte, die früh hohe Erträge an festfleischigen Tomaten liefert.

Panovy

Mittelgroße Erwerbssorte vom Hellfruchttyp. Die wuchskräftige Pflanze setzt reiche Erträge an, die Früchte sind ansprechend rot und gleichmäßig rund geformt. Gut ausgereift schmecken die Früchte aromatisch-fruchtig.

Pfirsichtomate

Rundlich und im Geschmack nicht außergewöhnlich sind die Früchte dieser alten Sorte aus dem vorigen Jahrhundert. Das Besondere ist die Beschaffenheit der Haut, die der Pfirsichtomate den Namen eingetragen hat: Sie ist matt rosa und wirkt wie beim Pfirsich leicht samtig.

Prinz Borghese

Die Frucht mit ihrer leicht ovalen Form ist nur mittelgroß, dafür aber so saftig-aromatisch, dass sie unbedingt roh verzehrt werden sollte. Angenehm ist auch ihre erfrischende Säure. Die mittelstark wachsende Pflanze dieser italienischen Sorte bringt mittlere Erträge.

Tigerella

Eine Augenweide sind die orangeroten Früchte mit ihrer gelborangen Flammenzeichnung schon vor der Vollreife. Die gegen Krankheiten widerstandsfähige Pflanze liefert gute Erträge an sehr aromatischen, mittelgroßen Früchten.

Tomosa

Frühreifer, großfruchtiger Hellfruchttyp mit festen, dreikammerigen Rundtomaten. Gegen zahlreiche Krankheiten widerstandsfähig.

Vanessa

Der aus Israel stammende Mischtyp zwischen Rund- und Fleischtomate zählt zu den Semi-Long-life-Tomaten. Die robuste Pflanze wächst stark und liefert hohe Erträge an platzfesten, hellroten, gleichmäßig runden Früchten. Ihr Vorteil im Erwerbsanbau besteht darin, dass sie rot geerntet werden kann, ohne rasch die Festigkeit zu verlieren.

Virginia

Gegen die wichtigsten Tomatenkrankheiten resistente Hellfrucht-Neuheit mit guten Wuchs- und Fruchteigenschaften.

Vitella

Die gegen Kraut- und Braunfäule widerstandsfähige, recht kompakt wachsende Rundtomate liefert reichlich schmackhafte Früchte.

FLEISCHTOMATEN

Altaisky

Fleischtomate mit flachen, sehr stark gerippten Früchten. Die Frucht ist intensiv rot gefärbt, die Pflanze bringt hohe Erträge. Diese Sorte eignet sich gut als Kochtomate.

Berner Rose

Ausgezeichnet schmeckende großfruchtige Liebhabersorte mit eher weichen, flachrunden Früchten, sehr ertragreich.

Black Russian

Die auch als Russische Schwarze gehandelte Fleischtomate ist sehr robust. Die großen, braunroten Früchte schmecken gut und sind recht saftig.

Kleines Ochsenherz

Das Fruchtfleisch dieser wie ein Herz rundlich-spitz zulaufenden mittelgroßen Frucht hat die Beschaffenheit von Fleischtomaten. Es ist rosarot gefärbt, fest und fruchtig und liefert einen ausgezeichneten Tomatensalat. Die mittelstark wachsende Pflanze bringt durchschnittliche Erträge.

Marmande

Intensiv fruchtig schmeckende, frühreife Fleischtomate. Erfreulich ist auch der hohe Ertrag.

Master

Gewächshaussorte mit bis zu 250 g schweren, nicht gerippten Früchten. Die Pflanze wächst kräftig und ist widerstandsfähig gegen Tomatenmosaik-Virus, Fusarium-Welke und Blattflecken-Krankheit.

Myrto

Ertragreiche, mittelfrühe Sorte mit platzfesten Früchten. Widerstandsfähig gegen Fusarium-Welke, Kraut- und Braunfäule, Tomatenmosaik-Virus und Verticillium-Welke.

Purpurkalebasse

Mittelspät reifende Sorte aus dem 16. Jh., neigt bei feuchter Witterung zum Platzen, verträgt aber Trockenheit ausgezeichnet. Die rosa- bis weinroten, teils fast schwarzbraunen, stark gerippten Früchte haben dunkles, festes Fruchtfleisch, das leicht säuerlich schmeckt, „als ob sie in Wein gereift wären". Manche empfinden den Geschmack als honigartig. Die sehr wüchsige Pflanze gedeiht auch auf weniger guten Böden und muss laufend sorgfältig ausgegeizt werden.

Rindfleischtomate

Die in den USA weit verbreitete, großfruchtige Fleischtomate wird dort „Beefsteak" genannt, da das Fruchtfleisch sehr fest ist und saftig-aromatisch schmeckt. Die wuchsfreudige Pflanze zeigt kaum Krankheiten.

St. Pierre

Die fast samenlosen Früchte schmecken ausgezeichnet. Die Pflanze braucht jedoch einen warmen, sehr sonnigen Standort.

Weiße Schönheit

Die milchweißen Früchte dieser auch als White Wonder bezeichneten Fleischtomate färben sich bei Vollreife leicht hellgelb. Die ertragreiche und wuchsfreudige Sorte schmeckt honigartig süß, das säurearme Fruchtfleisch ist zartschmelzend. Widerstandsfähig gegen Kraut- und Braunfäule.

EIER-/FLASCHEN-/ROMA-TOMATEN

Cigalon

Ertragreiche, wüchsige Flaschentomate mit großen, ovalen, intensiv roten Früchten. Sie platzt kaum.

Incas

Sehr frühe, konzentriert reifende Verarbeitungstomate. Die leuchtend roten, etwa 80 g schweren Früchte schmecken aber auch frisch. Sie halten sich ausgezeichnet. Widerstandsfähig gegen Verticillium- und Fusarium-Welke.

Ranger

Nur halbhoch wachsende Flaschentomate zum Frischessen und Verarbeiten. Widerstandsfähig gegen Verticillium- und Fusarium-Welke.

Roma

Buschförmig wachsende Flaschentomate mit festfleischigen, schmackhaften Früchten. Die Pflanze wächst stark und ist widerstandsfähig gegen Fusarium-Welke.

San Marzano

Robuste Flaschentomate mit leuchtend roten Früchten in dichten Trauben. Sie haben festes Fruchtfleisch und sind platzfest.

BUSCHTOMATEN

Balkonstar

Die früh reifende, nur 30 cm hoch wachsende Buschtomate fällt durch ihr kartoffelblättriges Laub auf. Sie ist auch unter dem Namen „Balkonzauber" verbreitet.

Budai Torpe

Die qualitativ hochwertigen kugeligen, orangeroten Früchte reifen sehr frühzeitig an der buschig wachsenden Pflanze.

Gnom

Sehr frühreife Neuzüchtung von Sperli mit 4 cm großen, sehr süß-aromatischen Früchten. Auffallend sind die kleinen Spitzen am Fruchtende. Mit nur 40 cm Höhe sehr kompakter Wuchs, die Früchte sind nicht platzfest.

Hoffmanns Renita

Die kleinwüchsige Sorte ist ausgesprochen robust.

Kremser Perle

Die alte österreichische Sorte liefert gute Erträge an wohlschmeckenden, mittelgroßen Früchten. Sie reifen sehr früh.

Mexikanische Honigtomate

Die hübsch rot gefärbten Früchte dieser kleinfruchtigen Buschtomate schmecken auffallend gut. Das ausgezeichnete Aroma der saftig-milden Sorte hat ihr den Namen „Honigtomate" eingebracht.

Patio

Großfruchtige, wohlschmeckende Balkontomate. Die 50 bis 60 cm hohe Pflanze liefert reichlich runde, fleischige Früchte.

Stupice

Ausgesprochen früh reifende, 70 cm hohe Buschtomate mit ausgezeichnet schmeckenden Früchten. Sie sind mittelgroß, rund und platzen kaum. Der Ertrag ist nur mittelhoch.

Sub Arctic Plenty

Die aus Südamerika stammende Buschtomate setzt auch unter kühlen Klimabedingungen willig ihre kleinen, roten Früchte an. Sie schmecken ausgezeichnet. Diese extrem frühreife Sorte eignet sich auch bestens für Ampeln.

Totem

Reich tragende Sorte, die auch ohne Ausgeizen und Stützen problemlos gedeiht. Mittelgroße Früchte, die Reife setzt schon früh ein.

AUSSERGEWÖHNLICHE FORMEN

Ananastomate

Den Namen hat diese riesenfruchtige, bis zu 20 cm messende und 1000 g schwere Fleischtomate von der Beschaffenheit des Fruchtfleisches: Im Querschnitt sieht es aus wie eine Ananasscheibe. Schalen- und Fleischfarbe sind intensiv orangerot gefärbt. Der Geschmack ist allerdings nur durchschnittlich.

Andenhorn

Unreif ähneln die Früchte einem spitz zulaufenden, gebogenen Kuhhorn. Bei Vollreife ist die Haut ansprechend rot gefärbt, die Form gleicht lang gezogenen Paprikaschoten. Die aus den Anden stammende Sorte reift früh, die massigen Früchte schmecken angenehm fruchtig.

Cavern

Eine 2 m hoch wachsende, mittelspäte, ertragreiche Sorte mit roten, goldgelb geflammten Früchten. Sie sind tief gefurcht und innen hohl, also ideal zum Füllen.

Evergreen

Die Pflanze bringt keine hohen Erträge, aber die Früchte sind etwas Besonderes: Die Haut bleibt grün, auch bei Vollreife. Das ebenfalls grüne Fruchtfleisch schmeckt überraschend süß und fruchtig-aromatisch.

Gelbe Paprikatomate

Die Form erinnert an die Sorte Andenhorn: eine lang gezogene Paprikaschote oder eine spitz zulaufende Eiertomate. Die Schale ist leuchtend gelborange gefärbt, das ebenfalls orangefarbene Fruchtfleisch enthält wenig Säure und ist eher trocken, aber fest.

Gelbe zum Füllen

Eigentlich könnte diese innen hohle Sorte auch Gelbe Paprikatomate heißen, denn auch die Form erinnert an die Schoten von Blockpaprika. Die intensiv gelben Früchte enthalten nur wenige Samen und eignen sich ausgezeichnet zum Füllen. Sie heißt auch Yellow Stuffer – inzwischen gibt es die rot gestreifte Variante Striped Stuffer.

Green Sausage

Die 10 cm langen, sehr schmalen, spitz auslaufenden Früchte dieser Buschtomate haben zur Reifezeit eine grüngelb gestreifte Schale. Auch das Fruchtfleisch bleibt hellgrün.

Grünes Zebra

Es ist zwar keine Cocktailtomate im eigentlichen Sinn, die angenehm aromatischen Früchte werden aber trotzdem nur pflaumengroß. Bei dieser Rarität fällt die Schalenfarbe ins Auge: Bei Vollreife sind die leicht ovalen Tomaten grüngelb gestreift. Eine echte Cocktailtomate mit hellgrünen Früchten ist die Sorte Grüne Traubentomate.

Johannisbeertomate

Diese minifruchtige Wildtomate ist ein besonderes Tomatengewächs. Man kann es einfach irgendwo am Zaun wild wuchern lassen. Anbinden oder Ausgeizen entfällt. Die Pflanze ist überaus robust und liefert unzählige kleine Beeren von leuchtend orangeroter Farbe. Sie sind kaum größer als Johannisbeeren und bereichern jede Mahlzeit genauso sehr mit ihrem Geschmack wie mit ihrem aparten Aussehen. Die reich verzweigten Rispen sehen auch in Ziergebinden dekorativ aus.

Sortentabelle

SORTE (F1 = HYBRIDE)	TYP	BESONDERE EIGENSCHAFTEN	BEZUG
Altaisky	Fleisch	sehr stark gerippt	3
Ananastomate	Fleisch	bis 1000 g schwer	3, 4, 5
Andenhorn	Fleisch	früh, lang gezogen	3
Balkonstar	Busch	nur 30 cm hoch	2, 5, 13, 20
Berner Rose	Fleisch	sehr aromatisch	1, 3, 4, 5, 13, 18
Black Pear	Cocktail	dunkelviolett	18
Black Russian	Fleisch	braunrot, fruchtig	3, 5, 18, 20
Budai Torpe	Busch	sehr früh, orangerot	3, 5, 13
Cavern	Hohl	zum Füllen	14
Culina	Hellfrucht	sehr fest	6, 8
De Berao	„Baumtomate"	bis 3 m hoch	2, 4, 5, 18
Delicado F1	Cocktail	40 cm lange Trauben	12, 20, 23, 24
Diplom F1	Hellfrucht	früh, robust	6
Evergreen	Grün	reif grün gestreift	3, 4
Evita F1	Cocktail	Hochertragssorte	7, 8, 22
Furore	Hellfrucht	ertragreiche Rispentomate	4, 14
Gardeners Delight	Cocktail	hocharomatisch	3, 12, 13, 20, 23, 24
Gelbe Birnenförmige	Cocktail	interessante Form	2, 3, 4, 7, 12, 13, 18, 20, 22, 23, 24
Gelbe Mirabelle	Cocktail	wenig Braunfäule	4, 5, 18
Gelbe Paprika	Fleisch	goldgelb, mild	3, 18
Gelbe zum Füllen	Hohl	gelb, innen hohl	3, 4, 5
Gnom F1	Busch	sehr niedrig	12, 23, 24
Golden Currant	Cocktail	kaum Braunfäule	2, 18
Goldene Königin	Rund	gelb, robust	1, 2, 5, 12, 13, 20, 23, 24

SORTE (F1 = HYBRIDE)	TYP	BESONDERE EIGENSCHAFTEN	BEZUG
Green Sausage	Busch	grün, lang gezogen	5, 14
Grünes Zebra	Grün	reif grün gestreift	3, 4, 5, 13, 18
Harzfeuer F1	Hellfrucht	früh, robust	6, 12, 20, 23, 24
Hildares F1	Hellfrucht	früh, ertragreich	6, 8
Hilmar	Hellfrucht	sehr früh, ertragreich	1, 6
Hoffmanns Renita	Busch	sehr robust	6
Incas F1	Flaschen	sehr früh, haltbar	6
Johannisbeertomate	Wild	winzige Früchte	3, 4, 5, 18
Kalimba F1	Hellfrucht	braucht volle Sonne	12, 20, 23, 24
Kleines Ochsenherz	Fleisch	rosarot, fruchtig	3, 4
Königin von St. Marthe	Rund	sehr robust, aromatisch	3, 5, 13
Kremser Perle	Busch	flache Form	5, 13
Lylia	Cocktail	robust	2, 3
Maiglöckchen	Cocktail	oval, robust	3
Marmande	Fleisch	früh, ertragreich	1, 2, 3, 4, 12, 13, 14, 20, 23, 24, 25
Master F1	Fleisch	großfruchtig, robust	2, 6, 20
Matina	Hellfrucht	sehr fest, wüchsig	1, 5, 6, 8, 25
Moneymaker	Hellfrucht	robust, volle Sonne	1, 5, 6
Moravi F1	Hellfrucht	früh, robust	6, 14
Myrto F1	Fleisch	kaum Braunfäule	8, 20
Olirose	Cocktail	rosa, olivenförmig	2, 3, 4, 5
Orange Bourgoin	Cocktail	orange, aromatisch	3, 4, 13
Patio F1	Busch	großfruchtig, fleischig	12, 23, 24
Pfirsichtomate	Rund	samtige, rosarote Haut	3, 13
Prinz Borghese	Rund	oval, aromatisch	3, 5, 25
Purpurkalebasse	Fleisch	dunkel, stark gefurcht	3, 4, 5, 18

SORTE (F1 = HYBRIDE)	TYP	BESONDERE EIGENSCHAFTEN	BEZUG
Ranger	Flaschen	kompakter Wuchs	6
Rindfleischtomate	Fleisch	sehr großfruchtig	3
Roma	Flaschen	buschförmiger Wuchs	1, 2, 12, 14, 23, 24
Rote Birnenförmige	Cocktail	besondere Fruchtform	3, 4, 5, 13, 20
San Marzano	Flaschen	robust, platzfest	1, 4, 13
St. Pierre	Fleisch	aromatisch, volle Sonne	1, 2, 6, 20, 25
Stupice	Busch	sehr früh, platzfest	4, 18
Supersweet 100 F1	Cocktail	früh, ertragreich	5, 6
Sub Arctic Plenty	Busch	verträgt kühles Klima	6, 14
Sweet Cherry	Cocktail	platzfest	12, 23, 24
Tigerella	Rund	rot gestreift, robust	3, 4, 5, 7, 13, 14, 20, 22
Tomosa F1	Hellfrucht	früh, robust	6
Totem F1	Busch	großfruchtig, robust	6
Vanessa F1	Hellfrucht/Longlife	lange haltbar	6, 7, 8, 20, 22
Virginia F1	Hellfrucht	robust, wüchsig	12, 20, 23, 24
Vitella F1	Hellfrucht	kaum Braunfäule	7, 20, 22
Weiße Mirabelle	Cocktail	weißgelb, robust	3
Weiße Schönheit	Fleisch	weißgelb, kaum Braunfäule	3, 5, 13, 18
White Currant	Cocktail	weißgelb, verträgt Nässe	18

1 Bingenheimer Saatgut
2 Dreschflegel
3 Ferme de Sainte Marthe
4 Grüner Tiger
5 Hahm-Hartmann
6 Hild
7 Kiepenkerl
8 Nixdorf
12 Sperli
13 Syringa
14 Thompson & Morgan
18 Arche Noah
20 E. Bruckschweiger KG
22 Fröwis
23 Bio Furtner
24 Die Heckenrose
25 ReinSaat

Bezugsadressen siehe Anhang Seite 138

5

gesundheit genießen

DIE TOMATE IST EINE WAHRE BIOBOMBE, DIE DEN ORGANISMUS BELEBT, VOR KREBS SCHÜTZT, INFARKTEN VORBEUGT, HAUT UND KÖRPERZELLEN VERJÜNGT, DAS IMMUNSYSTEM STÄRKT UND DIE STIMMUNG HEBT – UND DAS ALLES SO SCHMACKHAFT VERPACKT!

Die Tomate hat unglaublich viele positive Eigenschaften, die sich mit Begriffen wie Delikatessgemüse, Schlankmacher, Fitnessfrucht, Aromaträger, Launebringer, Gesundheitsförderer und Krebshemmer beschreiben lassen.

Es macht einfach Spaß, diese Symbolfrucht des Sommers zu sehen und zu genießen. Richtig zubereitet und in ausreichenden Mengen genossen, kann die Sonnenfrucht zu einem gesunden, schwungvollen Leben viel beitragen.

Bei der Tomate gilt auf keinen Fall die Charakterisierung „Mehr Schein als sein". Das beliebte Fruchtgemüse sieht nicht nur verlockend aus, auch die inneren Werte stimmen. Es ist ein besonderes Geschenk der Natur, dass diese Frucht faszinierend gut schmeckt und zugleich so gesund ist. Sie liefert neben reichlich Vitaminen, Mineral- und Ballaststoffen eine Fülle von Zellschutzstoffen.

Umfangreiche Studien in aller Welt haben erwiesen, dass die nur in Tomaten in hohen Mengen enthaltene Karoten-Verbindung Lykopin zu den effektivsten Krebshemmern zählt.

Inhaltsstoffreicher Schlankmacher

Eine frische Tomate besteht zu 94 % aus Wasser. Die restlichen 6 % liefern nur 16 kcal (66 kJ), da mit 0,4 % Fett, knapp 1 % Eiweiß und 3 % Kohlenhydrate kaum Dickmacher enthalten sind. Dafür ist der Gehalt an Mineralstoffen beachtlich.

Roma-Tomaten haben einen höheren Kohlenhydratgehalt bei geringerem Wasseranteil.

Gerade die sehr hohen Kaliummengen tragen zur entwässernden Wirkung der Tomate bei. Der Mineralstoff reguliert unter anderem die Wasserverteilung im Körper. Erhält der Organismus die täglich notwendigen Mengen von mindestens 2 g Kalium, sind die Zellen in der Lage, Nährstoffe nach innen zu pumpen und Abfallstoffe auszuscheiden. Fehlt der Mineralstoff, dringt immer mehr Wasser ein, die Zelle kann absterben. Ein gesunder Körper enthält 300 g Kalium. Mit viel pflanzlicher Kost ist es möglich, den Wert konstant zu halten.

Reichlich Kalium verhindert also, dass sich zu viel Wasser im Körper ansammelt. Zwei Gläser ungesalzener Tomatensaft decken gut ein Viertel des Tagesbedarfes an diesem Mineralstoff und helfen auf diese Weise, Mangelerscheinungen wie Nervosität, Müdigkeit, Kopfschmerzen, trockene Haut, Verstopfung und Schlafstörungen vorzubeugen. Zugleich wirkt Kalium blutdrucksenkend.

Die dank des reichlich enthaltenen Kaliums entschlackende und entwässernde Wirkung der Tomate macht sich die Naturheilkunde zunutze. Der französische Naturarzt Maurice Mességué empfiehlt bei Rheuma- und Gichtbeschwerden, täglich 250 ml frischen, ungesalzenen Tomatensaft zu trinken. Viele Tomaten zu essen wird auch bei Herz- und Nierenerkrankungen geraten. Selbst mangelhafter Magensaftproduktion und Bauchspeicheldrüsenschwäche kann Tomatensaft entgegenwirken.

MINERALSTOFFE IN 100 G FRISCHEN TOMATEN

KALIUM	300 mg
PHOSPHOR	25 mg
MAGNESIUM	20 mg
KALZIUM	13 mg
NATRIUM	5 mg
EISEN	0,6 mg
ZINK	0,2 mg

Fruchtiger Muntermacher

Mit der Tomate führen wir unserem Körper auf schmackhafte Weise das Fitness-Spurenelement Zink zu. Dieser Stoff macht uns wach und konzentriert. Zugleich beeinflusst er unsere optimistische Grundstimmung. Bei Zinkmangel stellen sich neben Müdigkeit, Depressionen und ungenügender Belastbarkeit auch Hautfalten, brüchiges Haar, vorzeitiges Ergrauen und Wachstumsstörungen ein. Der Tagesbedarf von 15 mg Zink lässt sich allein mit Tomaten nicht decken. Sie können aber als Appetit machender Aromaträger bei einer richtigen „Zink-Mahlzeit" dienen. Legt man zum Vesper zwei Scheiben Edamer und ein gekochtes Ei zwischen zwei Scheiben Weizenmischbrot und isst dazu 2 frische Tomaten, ist gut ein Drittel des Tagesbedarfes an Zink gedeckt.

Tomaten enthalten auch kleine Mengen des Spurenelementes Chrom, das wie Zink für muntere Fröhlichkeit sorgt. Leiden wir Mangel, stellen sich ähnliche Störungen ein: Müdigkeit, Nervenschwäche, Gereiztheit, Unruhe, Lustlosigkeit, Depressionen, Schlafstörungen, Kopfschmerzen und Konzentrationsschwäche. Abhilfe kann man mit Nüssen, Samen, Vollkorn und Bierhefe schaffen.

Aromatischer Frischmacher

Schon der Duft der glänzend roten, prallen Saftfrucht verspricht Genuss und Frische. Beim Biss in das saftige Fruchtfleisch läuft einem das Wasser im Munde zusammen – außer dem reichlich in der Tomate selbst enthaltenen Wasser auch der

verdauungsfördernde Speichel. Die Fruchtsäuren tragen mit dazu bei. In 100 g Fruchtfleisch sind je nach Sorte und Reife immerhin 0,3 bis 0,7 g enthalten. Bei der Tomate bestehen sie zu 80 bis 90 % aus Zitronensäure, den restlichen Anteil bestreitet die Apfelsäure, Oxalsäure ist nicht vorhanden. Mit zunehmender Reife nimmt der Zitronensäure-Wert etwas ab, der Gehalt an Apfelsäure steigt leicht.

ZUSAMMENSETZUNG VON FRISCHEN TOMATEN (SCHWANKUNGSBREITE)

ENERGIE (kcal/kJ)	**16/66**	13–19
WASSER (%)	**94**	93–95
KOHLENHYDRATE (%)	**2,9**	1,9–4,0
ROHEIWEISS (%)	**0,8**	0,7–1,0
FETT (%)	**0,4**	0,2–0,7
ROHFASER (%)	**0,8**	0,6–0,9
MINERALSTOFFE (%)	**0,6**	0,5–0,7
ORGANISCHE SÄUREN (%)	**0,5**	0,3–0,7
pH-WERT (%)	**6,0**	5,5–6,5

Ernährungswissenschaftler haben neben der Säurezusammensetzung auch analysiert, welche Stoffe das typische Tomatenaroma bewirken. Der wichtigste Stoff ist Hexanal. Er liegt in mehreren unterschiedlichen Hexen- und Hexanal-Verbindungen vor.

Wertvoller Ballast

Ballast steht meist für etwas Überflüssiges. Die Ballaststoffe in Nahrungsmittel sind jedoch alles andere als nutzlos. Mindestens 30 g, besser 40 bis 50 g sollten wir täglich von dieser Putzkolonne des Darmes aufnehmen. Ballaststoffe beschleunigen nicht nur die Verdauung, sie wirken auch einem zu hohen Cholesterinspiegel entgegen, normalisieren den Blutzuckerspiegel, binden schädliche Stoffe, beugen Darmkrebs vor und sind die effektivsten Helfer gegen Übergewicht.

Tomaten liefern bis zu 1,8 g Ballaststoffe in 100 g Fruchtfleisch, der Durchschnittswert liegt bei 1 g. Die geforderten 40 g Ballaststoffe am Tag zu essen ist gar nicht so einfach. Jedenfalls bleibt nur noch wenig Raum für Dickmacher, der Magen ist anderweitig gefüllt.

Knallroter Glücklichmacher

Die Natur hat uns mit der Tomate nicht nur ein vorzügliches Gesundheitspaket geschnürt, sie hat auch dafür gesorgt, dass wir mit der Sommerfrucht zugleich gute Laune genießen. Der Stimmungsmacher in der Tomate heißt Tyramin. Er bildet sich mit zunehmender Reife aus der Aminosäure

Tyrosin. Das in vollreifen Tomaten reichlich enthaltene Tyramin hebt den Blutzuckerspiegel und hellt die Stimmung auf.

Wer unter schlechter Laune und Stimmungsschwankungen leidet, sollte täglich fast schon überreife Tomaten roh essen.

Die Sonnenfrüchte enthalten einen weiteren Garanten für gute Laune: die Folsäure. Dieses B-Vitamin spielt eine zentrale Rolle bei der Produktion von Glückshormonen. Es sorgt dafür, dass ausreichend Nervenreizstoff Serotonin entsteht, ein Stoff, der gesunden Schlaf und glückliche Gedanken bewirkt. Serotonin verleiht die nötige Zuversicht und Begeisterung, um die Alltagsanforderungen zu bewältigen.

Da der Körper Folsäure schwer aus der Nahrung aufschließen kann – Vitamin C wirkt hier förderlich – müssen wir weitaus mehr aufnehmen, als der Organismus braucht, also mindestens 0,4 mg; Stoffwechselexperten empfehlen sogar 0,6 mg. Um diese Menge allein mit Tomaten zu decken, müsste man täglich über 1 kg essen – bei Spinat reichen 300 g.

FOLSÄURE-LIEFERANTEN (mg/100 g)

SPINAT	0,200
EIGELB	0,150
ENDIVIEN	0,140
LINSEN	0,110
VOLLKORN	0,100
BROCCOLI	0,095
TOMATEN	0,050
ERDBEEREN	0,030

ACE-Gesundmacher

Zahlreiche Firmen werben mit ACE als Zauberformel für die Gesundheit. Das Kürzel steht für die Vitamine A, C und E. Die Tomate enthält alle drei in ausgewogenen Mengen. Sie gelten als die wichtigsten Zellschutzstoffe, verhindern schädliche Ablagerungen in den rund 100 000 km Adern in unserem Körper und stärken das Immunsystem. Diese Helfer gegen Infektionen, Infarkte und Krebs trägt die Tomate aromatisch verpackt in sich.

Vitamin A

Aus Lebensmitteln aufgenommen kann man Vitamin A nicht überdosieren. Nur synthetisch hergestelltes Vitamin A wirkt in hohen Mengen schädlich. Ansonsten regelt der Körper die Versorgung selbst: Bei Bedarf stellt er aus Karotenen Vitamin A her. Auch wenn Karotene im Überschuss verfügbar sind, wird nur die benötigte Menge Vitamin A gebildet. Dieses Vitamin spielt eine zentrale Rolle beim Sehvorgang, versorgt aber auch Binde- und Schleimhäute. Kinder benötigen viel Vitamin A für den Knochenaufbau und die Knorpelzellen.

VITAMINGEHALT FRISCHER TOMATEN (mg/100 g)

VITAMIN	GEHALT	TAGESBEDARF
VITAMIN A (Retinol)	0,10	1
VITAMIN C (Ascorbinsäure)	25	100
VITAMIN E (Tokopherol)	1,20	12
FOLSÄURE	0,05	0,30
VITAMIN B_1 (Thiamin)	0,06	1,20
VITAMIN B_2 (Riboflavin)	0,04	1,60
VITAMIN B_5 (Niazin)	0,50	1,60
VITAMIN B_6 (Pyridoxin)	0,10	1,70

Tomaten enthalten reichlich Karotene, allerdings ist der Anteil am Karoten Lykopin größer als der Gehalt an Karoten-Verbindungen, aus denen der Körper Vitamin A herstellen kann.

Rote Tomaten enthalten viel Lykopin, in gelben und grünen Sorten überwiegen die übrigen Karotene.

Die wirksamste Vitamin-A-Vorstufe ist ß-Karotin, in der Tomate mit durchschnittlich 0,8 mg vertreten. Je nach Sorte, Reifegrad und Sonnenintensität beim Wachstum schwankt der Gehalt zwischen 0,2 und 2 mg. Um den Tagesbedarf von 1 mg Vitamin A zu bilden, benötigt der Körper 6 mg ß-Karotin oder 12 mg andere Karotene.

Vitamin C

Das auch als Ascorbinsäure bezeichnete Vitamin ist nicht nur das bekannteste, es spielt auch die wichtigste Rolle im menschlichen Organismus. Seine Hauptfunktion sind Immunschutz und Stabilisierung der Psyche. Als Immunhelfer trägt Vitamin C dazu bei, Krankheitserreger aller Art zu bekämpfen. Zugleich macht es freie Radikale unschädlich. Sie lassen die Zellen altern und können Tumore fördern. Vitamin C kräftigt zudem das Bindegewebe und glättet die Gefäßwände. Dadurch wirkt es Krampfadern und Hämorrhoiden entgegen. Auch kräftige Kieferknochen, gesundes Zahnfleisch und feste Zähne beruhen auf guter Vitamin-C-Versorgung.

Vier Tomaten (400 g) decken den empfohlenen Tagesbedarf von 100 mg. Unter den von Umweltbelastungen und persönlichem Stress geprägten Alltagsbedingungen raten Mediziner und Ernährungswissenschaftler mindestens 300 mg Vitamin C täglich aufzunehmen.

Vitamin E

Dieser Freund der Körperzellen setzt sich aus mindestens acht verschiedenen Tokopherolen zusammen. Die Moleküle ähneln insofern den Schneeflocken, als jedes eine einzigartige Struktur hat und keines mit dem anderen identisch ist. Synthetisch hergestellte Moleküle sind dagegen alle gleich.

Vitamin E ist ein effektiver Radikalfänger. Nehmen wir zu wenig davon auf, werden die Fettsäuren in unserem Körper angegriffen. Eine Folge davon sind Altersflecken. Mangel äußert sich auch in Form von welker Haut, Nervosität, Konzentrationsschwäche, Durchblutungsstörungen, schlechter Wundheilung und Sehschwäche. Biochemiker empfehlen, täglich 15 mg Vitamin E aufzunehmen.
Kürbiskerne zählen mit 30 mg/100 g zu den besten Vitamin-E-Lieferanten, aber auch Walnüsse liefern vergleichbare Mengen.
Unter den Gemüsearten heben sich Schwarzwurzeln mit 6 mg hervor, Tomaten enthalten wie Eier 1,2 mg/100 g.

Ein weiterer Inhaltsstoff der Tomate ist Tomatin, das als Antibiotikum wirkt.

Nervenstärkender Saubermacher

In der Natur treten sie gemeinsam auf: die B-Vitamine. Sie können auch nur im Zusammenspiel ihre Funktionen voll erfüllen. Da der gesamte Vitamin-B-Komplex wasserlöslich ist, wird er rasch ausgeschieden und muss deshalb laufend neu ersetzt werden. Von einer guten Versorgung profitieren neben den Nerven auch Haut, Haare, Augen, Muskeln und Verdauung. Mangel äußert sich durch Haarausfall, frühzeitiges Ergrauen, Depressionen, Müdigkeit, Verdauungsstörungen, Hautkrankheiten, Schlafstörungen und Nervenschwäche.

Die Tomate bietet einen bunten Querschnitt an B-Vitaminen – auch die Folsäure zählt dazu. Allerdings lässt sich der Tagesbedarf nicht allein durch dieses Fruchtgemüse decken. Je nach B-Vitamin müsste man täglich 2 bis 4 kg Tomaten essen. Man kann die Versorgung aber mit Nüssen und Samen unterstützen. Auch Vollkorn-, Milchprodukte und Bierhefe sind gute Vitamin-B-Lieferanten.

Zur Stoffgruppe der sekundären Pflanzenstoffe zählen die Saponine. Sie bewirken einen leicht bitteren Geschmack, können die Blutkörperchen zersetzen, Fett emulgieren und schäumen. In unserer Nahrung gelten sie als wertvolle Helfer für die Gesundheit. Sie verhindern, dass im Darm krebserregende sekundäre Gallensäuren entstehen. Vor allem bei fettreicher Nahrung wird viel Gallensäure in den Darm ausgeschüttet; das Krebsrisiko erhöht sich, wenn Saponine fehlen, um den Darm davon zu säubern. Zugleich stärken diese sekundären Pflanzenstoffe das Immunsystem und ziehen schädliches Cholesterin aus dem Verkehr.

Das Fruchtfleisch der Tomate ist vergleichsweise reich an Saponinen. Die besten Lieferanten sind Kichererbsen und Bohnenkerne. Aber auch Erbsen, Rote Bete, Spargel, Möhren und Spinat steuern Saponine bei.

Wunderwaffe gegen Krebs

Biologische Schutztruppen gegen Krebs enthalten viele pflanzliche Nahrungsmittel. Je intensiver rot oder orange sie gefärbt sind, desto mehr Krebshemmer in Form von Karotenen enthalten sie.

Karotene sind rote, orange und gelbe Pflanzenfarbstoffe, insgesamt 600 verschiedene Verbindungen. Das bekannteste Karoten ist ß-Karotin, aus dem der Körper leicht Vitamin A herstellen kann. Auch Gemüse wie Broccoli, Grünkohl, Spinat und Salat stecken voller Karotene. Der gleichzeitig enthaltene grüne Farbstoff Chlorophyll überdeckt jedoch die Rot- oder Gelbfärbung.

Es gibt nur wenige Früchte, die wie die Tomate eine besondere Karoten-Zusammensetzung haben. Die kräftig roten Sorten enthalten hohe Mengen des Karotens Lykopin, gelbe Sorten sind wie die meisten anderen Obst- und Gemüsearten kaum mit dieser äußerst effektiven Wunderwaffe gegen Krebs ausgestattet. In der Beziehung hat die rote Tomate eines mit uns Menschen gemeinsam: 70 % unserer Zellschutzstoffe sind Lykopene. Sie stabilisieren unsere Zellwände und schützen die in der Zelle eingelagerten Organellen. Genau dasselbe bewirken sie auch in der Tomate.

Seit man weiß, wie wichtig Lykopin für den menschlichen Organismus ist, haben sich Biochemiker, Mediziner und Ernährungswissenschaftler rund um die Welt dieser Substanz angenommen. Das Ergebnis: Lykopin, eine bioaktive Substanz der sekundären Inhaltsstoffgruppe der Karotene, ist eine der wirksamsten Schutzwaffen gegen Krebs und Infarkte.

Dass Karotene wichtige Radikalfänger sind und so unsere Zellen vor Angriffen und möglichen Tumoren schützen, ist seit längerem bekannt. Neueste Studien belegen die Sonderstellung des Karotens Lykopin. Dieser Rotfarbstoff, den nur Tomatenprodukte in hohen Mengen enthalten, ist ein um das 2,5fache wirksamerer Radikalfänger als die übrigen Karotene. In Reagenzglas-Versuchen war Lykopin sogar ein um das 10fache wirksamerer Krebshemmer als ß-Karotin.

Langjährige Beobachtungen der Essgewohnheiten von 470 000 Männern im Alter zwischen 40 und 75 Jahren ergaben einen nachweislichen Zusammenhang zwischen Prostatakrebs und Tomatenkonsum. In der Gruppe, die wöchentlich 4 bis 7 Tomatenmahlzeiten zu sich nahm, trat 20 % weniger Prostatakrebs auf. Bei 10 Tomatenmahlzeiten pro Woche waren es sogar 45 %. Das Ergebnis entspricht der Tatsache, dass es in den mediterranen Tomatenländern wie Italien und Griechenland kaum Probleme mit dieser Krebsart gibt.

Lykopin, das bis zur Hälfte den Karoten-Gehalt in unserem Blut ausmacht, hat sich auch als wirksame Vorbeugung gegen andere Krebsarten erwiesen. Bei Frauen mit hohem Lykopin-Spiegel im Blut tritt ein Drittel weniger Gebärmutterhalskrebs auf. Ähnlich positiv wirkt sich der Tomatenkonsum in Bezug auf Haut-, Blasen-, Lungen-, Brust-, Magen-, Darm- und Bauchspeicheldrüsenkrebs aus.

Außer der Tomate enthalten auch Guave, Hagebutte, rosa Grapefruit und Wassermelone Lykopene, aber in weitaus geringeren Mengen.

Neben dem Krebsschutz vermindert Lykopin das Risiko im Alter zu erblinden. Auch die Gefahr von Herzinfarkten und Herz-Kreislauf-Erkrankungen reduziert sich auf die Hälfte, wenn der Organismus beständig ausreichend mit Lykopin versorgt wird. Lykopin speichert der Körper in Lunge, Leber, Dickdarm, Prostata und Haut.

Erste umfangreiche Studien zu diesem Thema wurden 1995 in den USA veröffentlicht. Seither ist der Verbrauch an Tomaten noch stärker angestiegen. Der rote Krebshemmer steht gleich an zweiter Stelle hinter der mengenmäßig am stärksten vertretenen Kartoffel.

Beim Verarbeiten von frischem Obst und Gemüse gehen zahlreiche Inhaltsstoffe verloren, wichtige Vitamine werden zerstört. Die Tomate bildet auch hierin eine Ausnahme. So richtig verfügbar wird das in ihr enthaltene Lykopin für unseren Organismus erst, wenn es gut erhitzt und mit etwas Öl versetzt wurde. Lykopin liegt in der Tomate oder in frischem, unerhitztem Tomatensaft in einer als trans-Form bezeichneten Struktur vor. Beim Erhitzen in Verbindung mit etwas Öl löst es sich aus den Zellen und verwandelt sich in die für den Körper leicht aufnehmbare cis-Form.

Diese biochemischen Zusammenhänge machen verständlich, weshalb verarbeitete Tomaten die besseren Lykopinlieferanten sind als die frische Frucht oder nicht erhitzter Saft. Das von vielen Gourmetköchen verschmähte Tomaten-Ketchup erfüllt im Hinblick auf den Krebsschutz eine wichtige Funktion: Es ist vielfach die einzige Form, in der Kinder gerne und oft Tomaten zu sich nehmen.

Amerikanische Krebsforscher haben sich auf eine Mengenangabe festgelegt, wie viel Lykopin wir benötigen, um sicher vor Krebs und Infarkten geschützt zu sein. Sie empfehlen, täglich 500 ml erhitzten Tomatensaft zu trinken oder dieselbe Menge Tomaten in Form von Tomatensoße, Mark und sonstigen Verarbeitungsprodukten zu sich zu nehmen. Europäische Ernährungswissenschaftler sind etwas verhaltener: Sie meinen, die in 200 g Tomaten enthaltene Lykopinmenge reicht als effektiver Gesundheitsschutz.

PILLEN SIND KEIN ERSATZ

WIRD EIN PFLANZENINHALTSSTOFF ALS EFFEKTIVER GESUNDERHALTER ERKANNT, VERSUCHT DIE PHARMAZEUTISCHE INDUSTRIE SOFORT, ENTSPRECHENDE PRÄPARATE ANZUBIETEN. NATÜRLICH GIBT ES BEREITS LYKOPIN-KAPSELN IN DER APOTHEKE. ALLERDINGS KONNTEN AMERIKANISCHE BIOCHEMIKER NACHWEISEN, DASS DER KÖRPER DIESE LYKOPINGABEN WEIT WENIGER GUT AUFNIMMT ALS DAS LYKOPIN AUS TOMATENPRODUKTEN.

LYKOPIN-GEHALT

(mg/100 g)

ROHE TOMATE	3
ROSA GRAPEFRUIT	4
WASSERMELONE	4
TOMATENSAFT	10
TOMATENSUPPE	14
TOMATENKETCHUP	16
CHILISOSSE	19
TOMATENSOSSE	22
TOMATENMARK	42

Wichtig ist in jedem Fall, dass wir den Körper täglich mit Lykopin versorgen. Nach einer Tomatenmahlzeit steigt zwar der Lykopingehalt im Blut deutlich an, sinkt aber wieder, wenn der Nachschub fehlt. Ein gleichmäßig hoher Lykopinspiegel ist aber wichtig, damit dieser rote Tomatenfarbstoff seine Funktion als Zellschutzsubstanz wahrnehmen kann. Lykopin ist dabei nicht nur ein Radikalfänger, es übernimmt auch Funktionen der Wachstumskontrolle und Zellkommunikation.

Täglich Gesundheit genießen

Der Blick auf die Inhaltsstoffe der Tomate spricht für sich. Dabei macht es uns dieses Sonnengemüse einfach, die fast schon als Medizin wirkenden Stoffe aufzunehmen. Sie sind appetitlich verpackt und in roher wie auch gekochter Form so wohlschmeckend, dass wir gerne zugreifen.

Es ist aber nicht allein das Lykopin, das den Gesundheitswert der Tomate ausmacht. Weitere Inhaltsstoffe halten uns fit. Als Krebsschützer wirken außer Karotenen und Vitaminen wie C und E auch die in der Tomate reich vertretenen Verbindungen Chlorogensäure und para-Cumarinsäure. Sie tragen dazu bei, die Bildung von Nitrosaminen zu hemmen, die als gefährliche Krebsauslöser gelten.

Die Schale der Tomate ist reich an Silizium, einem für unsere Haut, Haare, Knochen, Gefäße und unser Bindegewebe wertvolles Spurenelement. Es beugt Arteriosklerose vor und reinigt das Gehirn von schädlichen Schwermetallen. Man sollte also Tomaten keinesfalls schälen. Dabei gehen neben dem wertvollen Silizium auch ein Teil der Vitamine und etliche Flavonoide verloren. Diese bioaktiven Substanzen aus der Gruppe der Polyphenole sind wie die Karotene wichtige Radikalfänger und schützen uns vor Arteriosklerose, Infarkten, Krebs und grauem Star.

Wer gerne Obst und Gemüse isst, fragt nicht, welche Mengen er davon täglich essen soll und auf wie viele Gaben verteilt. Ein Kilogramm ist schnell verzehrt; ein Apfel, eine Orange, zwei Tomaten, eine Portion Möhrengemüse, ein Glas Traubensaft, eine große Essiggurke und etwas Dörrobst liefern mindestens dieses Quantum.

Führende Krebsforscher fordern nur gut die Hälfte davon. Um uns anhaltend gesund zu ernähren, sollten wir laut Empfehlung der Ernährungsexperten täglich 300 g Obst und ebenso viel Gemüse bzw. Salat zu uns nehmen, davon knapp die Hälfte gekocht, den Rest roh.

Damit der Körper gleichmäßig mit allen Gesundheitsförderern versorgt wird, die Obst und Gemüse enthalten, sollten wir den ganzen Tag nutzen und die geforderten Mindestmengen in fünf Einheiten über den Tag verteilt essen. Hinter diesem als „5-a-day" oder „5-am-Tag" bezeichneten Ernährungskonzept stehen Krebsforscher, Ernährungswissenschaftler, Gesundheitsministerium und Krankenkassen. Die Tomate fügt sich ausgezeichnet in dieses Gesundheitskonzept. Wie Erdbeeren oder Äpfel lässt sie sich als frischer Zwischendurch-Snack genießen – als Bürofrucht allerdings am besten in Form der kleinen, aromatischen Cocktailtomaten. Die Natur schenkt uns damit Gesundheit, die sich angenehm einnehmen lässt.

Saisonal gesund leben

Die Tomate liefert so viel Lykopin wie kein anderes Nahrungsmittel. Als eine der wenigen Quellen für diesen Zellschutzstoff sollte man sie rund ums Jahr genießen. In Form der am meisten Lykopin enthaltenden Verarbeitungsprodukte Mark, Saft, Soße und Ketchup ist die Tomate zu jeder Jahreszeit problemlos verfügbar – dem täglichen Konsum steht also nichts im Wege.

Sobald die eigentliche Saison mit frischen Früchten beginnt, sollte man eine den ganzen Sommer währende Tomatenkur starten und zusätzlich jeden Tag roh zwei oder drei vollreife Tomaten genießen. Auf diese Weise kommen uns auch alle jene Gesundheitswirkungen zugute, die gerade frische Früchte in besonderem Maße bieten. Der erfrischende, belebende und die Psyche stärkende Effekt beruht nicht nur auf Inhaltsstoffen wie Tyramin, Vitaminen und Fruchtsäuren. Hier spielt auch der hohe Kaliumgehalt und die Entwässerung unserer Zellen eine Rolle. Der Körper wird dabei sanft entschlackt.

Kommt reichlich Bewegung an der frischen Luft hinzu, so dass unsere Zellen mit Sauerstoff durchflutet werden, ist ein froher Sommer voller Spannkraft und Lebensfreude garantiert. In Bezug auf die Entschlackung und Verjüngung reiht sich die Tomate ideal in den saisonalen Reigen der Fitmacher.

Die Saison der Fitnessbringer beginnt mit Spargel im Mai, ihm folgt sogleich die heimische Erdbeere im Juni. In voller Sonne ausgereifte Tomaten schließen sich der Erdbeere an. Nimmt die Sonnenintensität im Oktober ab, gibt es bereits einen weiteren wirksamen Entschlacker, der sich problemlos bis zur neuen Spargelernte lagern lässt: der Gemüsekürbis.

GESUNDHEITSWIRKUNGEN DER „BIOBOMBE" TOMATE

TOMATEN

- HEBEN DANK DES ENTHALTENEN TYRAMINS UNSERE STIMMUNG
- GLEICHEN DEN BLUTZUCKERSPIEGEL AUS
- FÖRDERN EINEN GLEICHMÄSSIGEN, ERHOLSAMEN SCHLAF
- FESTIGEN BINDEGEWEBE, ADERN, SKELETT UND ZÄHNE
- BELEBEN GEHIRN UND NERVEN
- VERTREIBEN MÜDIGKEIT UND MANGEL AN SPANNKRAFT
- VERJÜNGEN HAUT UND INNERE ZELLEN
- SCHÜTZEN DIE SCHLEIMHÄUTE UNSERES KÖRPERS
- KURBELN DEN ZELLSTOFFWECHSEL AN
- BESCHLEUNIGEN DIE WUNDHEILUNG
- KRÄFTIGEN HERZ UND KREISLAUF
- WIRKEN ENTWÄSSERND UND HARNTREIBEND
- STEUERN DIE HORMONBILDUNG
- GLEICHEN DEN CHOLESTERINSPIEGEL AUS
- VERHINDERN, DASS SCHÄDLICHE GALLENSÄURE IM DARM ENTSTEHT
- STÄRKEN DAS IMMUNSYSTEM
- BEUGEN ALS RADIKALFÄNGER (ANTIOXIDANZIEN) KREBS VOR
- HEMMEN SCHÄDLICHE NITROSAMINE
- REGULIEREN DIE VERDAUUNG

6

*a*llerlei tomaten-produkte

ES IST LEICHT MÖGLICH, DIE IN DER SOMMERFRUCHT GESPEICHERTE SONNE FÜR DEN WINTER ZU KONSERVIEREN. DIE BESONDERS IN VOLLREIFEN FRÜCHTEN REICHLICH ENTHALTENEN GESUNDHEITSSTOFFE KOMMEN UNS DANN AUCH IM WINTER ZUGUTE.

Frisch genossen macht die Tomate ihrem Namen „Paradeiser" – Paradiesfrucht – alle Ehre. Aber auch in konservierter Form hat sie einiges zu bieten. Beliebt sind Tomatenmark, Schältomaten, Tomatensaft, getrocknete Tomaten und das allgegenwärtige Ketchup. Diese Produkte sind der Versuch, einen Teil der in der Sommerfrucht gespeicherten Sonne für den Winter zu sichern.

Es gibt wenige Gemüsearten, die nicht nur roh eine Fülle von Geschmackserlebnissen bieten, sondern auch gekocht ein besonderes Aroma und zusätzliche Gesundheitswirkungen entfalten, die nur der Hitzeeinwirkung zu verdanken sind. Dass die Tomate das Gemüse ist, das weltweit am meisten angebaut und verarbeitet wird, liegt neben der Geschmacksfülle, der einfachen Handhabung und der vielseitigen Verwendung sicher auch daran, dass sie Sommer und Sonne verkörpert. Es erscheint geradezu selbstverständlich, dass man versucht, sie in für alle möglichen Anwendungen geeigneter Form zu konservieren.

Am meisten verbreitet sind Konzentrate für Suppen und Soßen, Dosen mit ganzen oder zerkleinerten Tomaten, ferner ganze Früchte getrocknet und das püreeartige, gewürzte Ketchup.

Süßsauer oder milchsauer eingelegte Tomaten gibt es kaum noch im Handel. Dafür dient die Tomate als Bestandteil zahlreicher anderer Lebensmittel wie Fischkonserven in Tomatensoße, Salsas, Fertigeintöpfe, Tütensuppen, Nudelgerichte und Pizzas.

Tomatensaft

Im Gegensatz zu Obstsäften enthalten die meisten Gemüsesäfte weniger Säuren und die Kohlenhydrate liegen zum größeren Teil als Stärke und nicht wie beim Obst in Zuckerform vor. Die Tomate entpuppt sich hierin als echte Frucht, auch wenn sie statistisch dem Gemüse zugerechnet wird. Sie bietet im Saft reichlich freie Säuren und Zucker. Im Handel erhältlicher, durch Erhitzen stabilisierter Tomatensaft ist fast durchweg gesalzen, je nach Hersteller unterschiedlich stark. Der durchschnittliche Salzgehalt liegt bei 0,6 g je Liter. Am besten schmeckt Direktsaft, also unmittelbar aus frischen Früchten gepresster und sofort haltbar gemachter Tomatensaft. Er bietet nicht nur geschmacklich, sondern auch im Hinblick auf die gesundheitsfördernden Inhaltsstoffe deutlich mehr als Säfte aus Konzentraten. Vereinfacht dargestellt handelt es sich bei Produkten, die aus Konzentraten hergestellt wurden, um eine Art eingedampftes Tomatenmark, dem zu gegebener Zeit dieselbe Menge des zuvor entzogenen Wassers wieder beigemischt wird.

ZUSAMMENSETZUNG VON TOMATENSAFT (SCHWANKUNGSBREITE)

	HANDELSSÄFTE	FRISCH GEPRESST
GESAMTZUCKER (g/l)	35 (23–49)	34 (22–49)
TITRIERBARE SÄURE (g/l)	3,9 (3,1–4,9)	5,1 (3,5–8,7)
ASCHE (g/l)	4,5 (3,6–5,7)	5,4 (3,8–6,7)
KALZIUM (mg/l)	85 (46–240)	45 (15–115)
MAGNESIUM (mg/l)	110 (80–140)	70 (60–90)
KALIUM (mg/l)	2500 (1900–3000)	2700 (1900–3500)
PHOSPHAT (mg/l)	390 (320–480)	440 (240–560)
SULFAT (mg/l)	210 (110–360)	200 (90–250)
NITRAT (mg/l)	10 (1–30)	6 (1–20)
ASCORBINSÄURE (mg/l)	0–290	5–180

TIPP

SAFT STATT WASSER

FÜR VERSCHIEDENE GERICHTE BIETET ES SICH AN, EINEN TEIL DES IM REZEPT VORGESEHENEN WASSERS BZW. DER GEMÜSEBRÜHE DURCH TOMATENSAFT ZU ERSETZEN UND DANN BEIM ABSCHMECKEN ENTSPRECHEND WENIGER ZU SALZEN, SOFERN ES SICH UM GEKAUFTEN SAFT HANDELT. EINE BESONDERE NOTE VERLEIHT FRISCH GEPRESSTER TOMATENSAFT DEN SPEISEN. DAS FRUCHTIGE AROMA VERFEINERT SUPPEN UND SOSSEN ALLER ART.

Schältomaten

Neben fein gestückelten Tomaten in der Dose sind Schältomaten als Zugabe zu Aufläufen, Suppen und Soßen beliebt. Es handelt sich meist um geschälte, als ganze Frucht weich gekochte Flaschentomaten. Im Prinzip werden Schältomaten ähnlich hergestellt wie für den Eigenbedarf in der Küche. Die gewaschenen und aussortierten Frischfrüchte müssen heißem Wasser oder Dampf ausgesetzt sein, damit die Schale aufplatzt und sich ablöst. Kleine Hersteller wie direkt vermarktende Gemüsebauern kompostieren die sehr gehaltvolle Tomatenhaut zumindest. Prinzipiell sollte man wie beim Apfel die Schale möglichst mitessen. Die von der Schale befreiten Früchte werden dann meist in Dosen, seltener in Gläser abgefüllt, mit Tomatensaft übergossen und dann sterilisiert.

Tomatenmark

In Tuben oder Döschen unterschiedlicher Größe ist Tomatenmark in jedem Lebensmittelgeschäft erhältlich. Meist zwei- oder dreifach konzentriert handelt es sich dabei um ein dunkelrotes Püree, dem ein Teil des Wassers entzogen wurde. Manche Hersteller fügen Salz oder Säuerungsmittel bei. Neben dem reinen Konzentrat gibt es auch Tomatenmark, dem andere Gemüse und Kräuter wie Sellerie, Petersilie oder Möhren beigemischt sind.

Das angebotene Tomatenmark unterscheidet sich ganz wesentlich im Hinblick auf die enthaltene Trockenmasse. Einfach konzentriertes Mark hat einen Trockengehalt von 14 %. Zweifach konzentriertes Mark enthält 28 % Trockensubstanz, Dreifach-Konzentrate bringen es auf 36 % Trockenmasse. Der Herstellungsprozess ist einfach: Die

frischen Tomaten werden gewaschen und sortiert, dann blanchiert und grob zerkleinert. Nach einem Siebvorgang erfolgt die Konzentrierung durch Erhitzen. Je nach Hersteller kommt das so konzentrierte Mark in Tuben oder Dosen.

Aus Tomatenmark lassen sich Suppen und Soßen zubereiten, es dient auch als Würze in Salatdressings, bei Fleischgerichten wie Pasteten und Rouladen oder zum Verfeinern von Aufläufen. Beliebt ist der rasch zubereitete Tomatenmark-Aufstrich auf Pizza- und Sfincione-Teigböden. Das Grundrezept kann man mit verschiedenen Kräutern und Gewürzen abwandeln. Die einfachste Variante für einen runden Pizzaboden von knapp 25 cm Durchmesser besteht aus 3 Esslöffeln Tomatenmark, verrührt mit 1 Esslöffel Olivenöl und 1 Esslöffel fein gehacktem Basilikum.

Getrocknete Tomaten

Da frische Tomaten über 90 % Wasser enthalten, kostet es einige Zeit und Energie, ganze Früchte zu trocknen. Für den Hausgebrauch ist es deshalb einfacher, nur Hälften oder dünne Scheiben zu dörren. Am Markt – vor allem südlich der Alpen – werden auch als ganze Früchte gedörrte Flaschentomaten gehandelt.

Liebhaber von Dörrtomaten bevorzugen an der Sonne getrocknete Früchte. Im Gegensatz zu technischen Wasserentzugs-Verfahren hat das schonende Trocknen unter freiem Himmel deutliche Vorteile in Bezug auf Geschmack, Textur und Farbe. Je nach Fruchtgröße und Sonnenintensität dauert der Trocknungsprozess 7 bis 10 Tage.

Dieses Verfahren war bereits im alten Ägypten bekannt. Der Vorgang hat sich kaum geändert: Waschen, halbieren, mit Salz bestreuen, auf Trockenrahmen auslegen und in die Sonne stellen. Heutige Hersteller waschen die fertig getrockneten Früchte nochmals und trocknen sie dann kurz im Trockenofen nach. Dabei wird das beim zweiten Waschvorgang aufgenommene Wasser entfernt und alle Dörrtomaten auf denselben Trocknungsgrad vereinheitlicht.

Ketchup

In den Vereinigten Staaten ist Ketchup das am meisten verbreitete Gewürz. Es findet sich in 97 % aller Küchen – noch häufiger sind nur Salz, Pfeffer und Zucker vertreten. Vor allem amerikanische Kinder lieben diese Tomaten-Würzsoße. Die Altersgruppe bis zu 13 Jahren konsumiert 50 % mehr Ketchup als alle anderen Altersstufen.

Die Amerikaner verwenden Ketchup übrigens auch zum Polieren von Kupfer. Die enthaltene Säure bringt den Glanz zurück.

Der amerikanische Marktführer Heinz liefert 57 % des im Land verzehrten Ketchup. 53 % seines Umsatzes von 9,2 Milliarden Dollar erzielt Heinz in den USA, die übrigen 43 % rund um die Welt. Angefangen hat alles mit Henry John Heinz, der 1869 im Alter von 25 Jahren seine erste Flaschensoße auf den Markt brachte. Sein Leitspruch „Was für einen Menschen der Charakter, ist für ein Produkt die Qualität" machte ihn rasch zum Millionär.

Auch wenn Heinz 1876 seine erste Tomaten-Ketchup-Flasche auf den Markt brachte, so liegt der eigentliche Ursprung der weltweit erfolgreichsten kalten Soße nicht im Land der unbegrenzten Möglichkeiten, sondern in Asien. In China gab es bereits Mitte des 15. Jahrhunderts eine Gewürztunke aus eingelegten Schalentieren, *koetchiap* oder *ke-tsiap* genannt. Englische Seefahrer brachten Ende des 17. Jahrhunderts eine solche Soße aus China, die sich aus Salzlake, Gewürzen und Kräutern zusammensetzte. Die Briten nannten diese Spezialität Kechap und versuchten, selbst diese Würzsoße herzustellen. Mangels asiatischer Zutaten verwendeten sie Pilze, Nüsse, Gurken, Äpfel, Pflaumen und Bananen. Solche Soßenzubereitungen gelangten mit englischen Einwanderern nach Nordamerika. Hier wurden schon bald Tomaten als Grundbestandteil verwendet – das Tomaten-Ketchup war geboren und eroberte von Amerika aus die Küchen der Welt.

Die Hauptbestandteile von Tomaten-Ketchup sind Tomaten, Zucker, Essig und Gewürze. Je höher der Anteil an Tomaten ist, desto fruchtiger schmeckt das Ketchup. Anregungen, wie man Tomaten-Ketchup selbst herstellen kann, gibt der Rezeptteil. Man sollte beim Einkauf darauf achten, ob die Hersteller auf Konservierungsstoffe und Bindemittel verzichtet haben, und Glas den Kunststoff-Flaschen vorziehen, da das enthaltene Produkt nur dem Glas mit Sicherheit keine schädlichen Stoffe entziehen kann. Kunststoffe sind als Lebensmittelbehälter nicht gänzlich unumstritten.

Im englischen Sprachgebrauch gibt es neben der Schreibweise Ketchup auch die Variante Catsup. Die neuen deutschen Rechtschreibregeln sehen die Schreibweise Ketschup vor, lassen aber auch das herkömmliche, international übliche Ketchup zu.

7

tomaten roh & gekocht

DIE GESUNDE GENUSSFRUCHT JEDEN TAG VERFÜGBAR ZU HABEN IST LEICHT MÖGLICH. DA EINIGE GESUNDMACHER DIESER SOMMERFRUCHT NUR NACH ERHITZEN FREI WERDEN, IST HALTBARMACHEN DOPPELT SINNVOLL.

Nicht jeder hat die Möglichkeit, Tomaten auf dem Balkon oder im Garten zu ziehen und sich selbst den Sommer über mit frischen, an der Pflanze optimal ausgereiften Früchten zu versorgen.

Wer trotzdem vollaromatische Tomaten essen will, muss beim Einkauf besonders aufpassen und die roten Fitmacher dann auch richtig aufbewahren.

Am besten schmecken Tomaten, wenn sie in voller Sonne wachsen konnten, also zur Hauptsaison im Sommer. Die Möglichkeiten, diese Sommerfrüchte für den Winter zu konservieren, sind allerdings begrenzt.

Schmackhafte Tomaten einkaufen

Damit die Tomate ihr ganzes Aroma entwickeln kann, benötigt sie viel Sonne. Deshalb schmecken im Hochsommer gereifte Tomaten am besten. Wichtig ist zudem, dass die Früchte an der Pflanze ausreifen konnten. Dies ist jedoch nur möglich, wenn sie keine langen Transporte überstehen müssen.

Tomaten vollreif zu ernten, kann sich nur der Direktvermarkter erlauben, der seine Produkte umgehend an seiner Hofstelle oder auf dem Wochenmarkt anbietet. Solche richtig reifen Tomaten sind dann für den Sofortverzehr gedacht – sie schmecken aber auch so gut, dass man sie bestimmt rasch isst.

Aber auch bei importierten Früchten ist die Qualität der angebotenen Frischware gestiegen. Man findet inzwischen selbst beim Discounter gelegentlich hochwertige Rispentomaten. Normalerweise führen jedoch Obst- und Gemüse-Spezialisten die besten Qualitäten. Bei Tomaten, die man roh essen will, lohnt es sich besonders, bei der Auswahl kritisch zu sein.

Als typische Saisonfrucht schmeckt diese Gemüseart in den Sommermonaten am vollmundigsten. In lichtärmeren Zeiten kann sie das Aroma nicht ganz ausbilden. So richtig nach Tomate schmecken im Winter deshalb nur die Importe aus sonnenreichen Regionen. Diese Früchte müssen allerdings lange Transporte hinter sich bringen und deshalb schon vor der Vollreife geerntet werden. Hinzu kommt, dass die Belastung von Klima und Umwelt durch die weiten Transporte zunehmend Bedenken hervorruft.

Tomaten richtig aufbewahren

Obst und Gemüse hält sich umso länger, je kühler es aufbewahrt wird. Diese allgemeine Regel gilt aber nicht für die wärmeliebende Tomate. Legt man sie in den Kühlschrank, geht viel des arttypischen Aromas verloren. Deshalb sollte man Tomaten bei Temperaturen zwischen 15 und 20 °C aufbewahren, allerdings möglichst dunkel. Das lässt sich mit einer Papiertüte leicht bewerkstelligen. Luftdicht verschlossen darf der Behälter zum Aufbewahren aber nicht sein.

Länger als sieben Tage halten die tomatengerecht warm gelagerten Früchte meist nicht. Muss man dennoch eine längere Haltbarkeit bewerkstelligen und die Tomaten in den Kühlschrank legen, sollte man sie einige Stunden vor dem Verzehr ins Warme holen.

Tomaten reifen schneller, wenn Äpfel in der Nähe liegen. Äpfel verströmen das Reifungsgas Ethylen. Aber auch Tomaten geben Ethylen ab, so dass in ihrer Nachbarschaft gelagerte Gurken und Broccoli rasch vergilben, Blumenkohl verliert die Knackigkeit.

Tomaten schälen

Wie bei Paprika und Äpfeln enthält auch die Haut der Tomate viele wertvolle Inhaltsstoffe. Wer die Früchte schält, reduziert beispielsweise den Gehalt an Flavonoiden drastisch – und damit einen Teil der Wirkstoffe, die uns vor Krebs schützen. Wenn möglich also die Haut immer mitverzehren.

Für Suppen und Soßen kann man die Früchte mit einem Mixer oder Pürierstab zerkleinern. Die Haut wird dabei so fein zerrieben, dass keine störenden Fetzen zurückbleiben.

Müssen Tomaten aus irgendwelchen Gründen dennoch geschält werden, schneidet man sie an der Spitze, also gegenüber vom Stielansatz, kreuzweise ein und taucht sie einzeln mit einem Sieb oder Schaumlöffel in kochendes Wasser.

Sobald sich die Haut an den Einritzstellen zu lösen beginnt, holt man die Tomaten aus dem Kochwasser und zieht sie mit einem spitzen Messer ab.

Mit oder ohne Schale – der grüne Strunk gehört grundsätzlich entfernt. Er ist faserig-hart und enthält winzige Mengen an Solanin, die sich durch das Wegschneiden leicht entfernen lassen.

TIPP

SIE KÖNNEN SICH DIE ARBEIT DES STRUNKENTFERNENS ERLEICHTERN: GANZ EINFACH BEIM HALBIEREN DER FRUCHT KNAPP LINKS ODER RECHTS VOM STIELANSATZ DURCHSCHNEIDEN. AUF DIESE WEISE IST DANN NUR NOCH EINE HÄLFTE AUSZUSCHNEIDEN. SCHNEIDEN SIE DAGEGEN MITTEN DURCH DIE ANSATZSTELLE, FÄLLT DIESE ARBEIT ZWEIMAL PRO TOMATE AN.

Tomaten haltbar machen

Erntefrische Tomaten für den Winter zu konservieren, ist auf verschiedene Weise möglich. Die wichtigsten Verfahren sind Tiefgefrieren, Trocknen und Pasteurisieren. Aber auch milchsaures Einlegen oder süßsaures Einmachen ist möglich. Ebenfalls beliebt sind Tomaten-Würzsoßen und Chutneys; diese Form, die Sonnenfrüchte haltbar zu machen, ist im Rezeptteil beschrieben.

Einzeln gefrostete Tomaten lassen sich bequem portionsweise dem Gefrierschrank entnehmen.

Einfrieren

Am platzsparendsten ist es, vom Kelch befreite Tomaten zu mixen und portionsweise einzufrieren. Man kann die entkelchten Früchte auch vierteln, auf ein Blech setzen und auf diese Weise lose einfrieren. Die gefrorenen Viertel lassen sich problemlos in große Dosen füllen und den Winter über einzeln entnehmen. Natürlich ist es genauso möglich, kleine Früchte ganz einzufrieren. Bei großen Fleischtomaten bietet es sich an Würfelchen zu schneiden. Eingefrorene Tomaten halten sich bis zur neuen Ernte im nächsten Sommer.

Beim Einfrieren werden Tomaten wie Obst behandelt – also nicht blanchieren.

Trocknen

In unserem Klima ist es höchstens an heißen Hochsommertagen möglich, Tomaten an der Sonne zu trocknen. In südlichen Ländern werden Tomaten flach ausgelegt und von Netzen geschützt auf speziellen Trockengestellen während gut einer Woche im Freien gedörrt. Ähnliche Dienste leisten Dörrgeräte. Wichtig ist aber, dass die Trocknungstemperatur 50 °C nicht übersteigt. Sind die Tomaten zu großer Hitze ausgesetzt, karamellisiert der enthaltene Zucker, das Geschmacksbild verändert sich und die Farbe wird unansehnlich braun.
Am schnellsten geht es, wenn man die Tomaten in dünne Scheiben schneidet. Getrocknet eignen sie sich nicht nur als Zugabe für Suppen und Soßen, sie schmecken auch vorzüglich als fruchtiger Snack. Längere Trocknungszeiten benötigen Tomatenviertel und -hälften. Sie werden mit der Schnittfläche nach oben in den Dörrapparat geschichtet. Wer kein Trocknungsgerät besitzt, kann auch den Backofen zum Dörren verwenden. Ideal ist ein Heißluftofen, eingestellt auf 45 °C. Die Ofentür muss einen Spalt offen stehen, damit die Feuchtigkeit gut entweichen kann.

Einlegen

Tomaten lassen sich in Essig-Zucker-Lösung einlegen. Dazu gibt es verschiedene Rezepte. Das Grundprinzip ist einfach: Möglichst kleine, vollreife Früchte halbieren oder mehrmals mit einer Stricknadel einstechen. Der Essigsud besteht aus 3 Teilen Essig und 1 Teil Wasser. Er wird zusammen mit 1 TL Salz, 5 EL Zucker (Angaben für 2 Liter Sud) und je nach Belieben frischem Thymian, Salbei, Lorbeer, Basilikum und Senfkörnern erhitzt. Die Tomaten müssen in der kochenden Flüssigkeit 5 Minuten ziehen, danach nur noch abschöpfen und in vorbereitete Einmachgläser füllen. Dann wird mit dem siedenden Essigsud randvoll aufgegossen und das Glas sofort verschlossen.

Vorteilhafte Frische

Tomaten gelten als das gesündeste Lebensmittel des Sommers. Roh oder gekocht – je nach Art der Zubereitung entfalten die Sonnenfrüchte unterschiedliche Gesundheitswirkungen und natürlich auch Geschmackserlebnisse. Am meisten Aroma bieten frische Tomaten, die im Hochsommer reifen konnten. Kombiniert mit den richtigen Kräutern, Gewürzen und Beilagen verkörpern Tomatenspeisen die Sommerküche.

Solange Tomaten, auch als Liebesäpfel und Paradeiser bezeichnet, ihre Hauptsaison haben und so richtig Sonne tanken können, schmecken sie – an der Pflanze gut ausgereift – ohne alle Zutaten so ausgezeichnet, dass die Namensverwandtschaft zum Apfel einleuchtet: Auch diese Paradiesfrucht schmeckt frisch aus der Hand gegessen unvergleichlich. Interessante Variationen bieten die einzelnen Sorten. Die große Geschmacksvielfalt ist am besten beim Genuss frischer Früchte zu erleben, aber auch gekocht ergeben sich erstaunliche Geschmacksunterschiede.

Geschickte Geschmacksbetonung

Früchte und Gemüse, die bereits roh großes kulinarisches Vergnügen bereiten, haben natürlich auch zubereitet eine Fülle an Geschmackserlebnissen zu bieten. Wichtig dabei ist allerdings, dass das tomatentypische Eigenaroma harmonisch unterstrichen und nicht überdeckt wird. Die besten Verbündeten der Tomate sind die Kräuter Basilikum, Oregano, Petersilie, Schnittlauch und in geringen Mengen Thymian. Als klassische Tomatengewürze gelten Salz und Pfeffer, in Spuren auch Piment und Chilipulver. Unter den vielen Öl- und Essigarten passen Olivenöl und Balsamessig am besten zu Tomatenspeisen. Als milde Beilage eignet sich Mozzarella. Würzige Beigaben sind Oliven, Schafskäse, Parmesan, Peperoni, Zwiebeln und Rucolablätter. Diese Zutaten schmecken aber so intensiv, dass ihnen mengenmäßig sehr viele Tomaten gegenüberstehen sollten. Frisch harmonieren Tomaten gut mit Gurken, Paprika und milden Peperoni; gekocht passen zudem Auberginen, Bohnen, wiederum Paprika, Chili und besonders die Sommerkürbisarten Zucchini, Squash oder Rondini gut zur Tomate. Vor allem Nudeln jeglicher Art, aber auch Reis, Grünkern und Kartoffeln lassen sich ausgezeichnet mit rohen und gekochten Tomatengerichten kombinieren.

DIE BESTEN VERBÜNDETEN DER TOMATE

KRÄUTER:
BASILIKUM, OREGANO, PETERSILIE, THYMIAN
GEWÜRZE:
SALZ, PFEFFER, IN KLEINEN MENGEN PIMENT, CHILIPULVER
GEMÜSE:
AUBERGINEN, BOHNEN, GURKEN, MAIS, PAPRIKA, PEPERONI, ZUCCHINI
BEIGABEN:
BALSAMESSIG, MOZZARELLA, OLIVEN, OLIVENÖL, PARMESAN, RUCOLA
BEILAGEN:
KARTOFFELN, NUDELN, REIS

Wie bei den meisten Nachtschattengewächsen gibt es für die Tomate kaum Rezepte mit der Geschmacksrichtung süß. Auch süßsaure Chutneys oder ein mildes Relish aus Tomaten und natürlich das leicht süßliche Ketchup werden fast ausschließlich zu salzigen Speisen gegessen.

Trotzdem wirkt es sich positiv auf das Geschmacksbild eines Tomatengerichtes aus, wenn Sie stets etwas Zucker zugeben. Er unterstreicht den Eigengeschmack der übrigen Zutaten und kann so das aus gesundheitlicher Sicht äußerst fragwürdige Glutamat als Geschmacksverstärker voll ersetzen.

Grüne Tomaten

Beim Stichwort „Grüne Tomaten" denken Sortenkenner sofort an Spezialitäten wie Grünes Zebra, also Tomatensorten, die bei Vollreife grün gefärbt sind. Werden in Kochbüchern Rezepte mit grünen Tomaten beschrieben, sind aber unreife Früchte gemeint. Es geht meist darum, Verwertungsmöglichkeiten für Tomaten zu finden, die im Herbst an der Pflanze nicht mehr voll ausreifen. Die bekanntesten Rezepte beschreiben milchsaures Einlegen, süßsaure Konserven und Tomaten-Konfitüren. Da unreife Tomaten jedoch deutlich erhöhte Solaninwerte aufweisen und sich dieser in hohen Mengen schädliche Inhaltsstoff durch Erhitzen auch nicht abbauen lässt, stehen solche Rezepte hier nicht zur Auswahl. Anders verhält es sich mit Sorten, die bei Vollreife eine grüne Haut haben. Sie sind reif, wenn sich das Grün in Richtung Gelbgrün aufhellt und die Frucht auf Fingerdruck leicht nachgibt. Unreif gilt für diese Sorten dasselbe wie für vorzeitig geerntete rotfruchtige Sorten: Vorsicht! Das Solanin ist noch nicht abgebaut.

Solanin in unreifen Tomaten

Unreife Tomaten enthalten bis zu 30 mg Solanin in 100 g Frischgewicht. Mit zunehmender Reife wird es rasch abgebaut. Sind die noch nicht voll ausgereiften Früchte aber bereits gelblich aufgehellt, lässt sich kaum noch Solanin messen. Da Solanin hitzestabil ist, wird es durch das Kochen beim Bereiten von Konfiture nicht zerstört. Auch durch das süßsaure Einlegen verringert sich der Solaningehalt bestenfalls um 10 %. Nach der milchsauren Gärung ist der Gehalt in den Tomaten ein Drittel geringer, ein Teil davon findet sich allerdings in der Lake. Legt man die Verzehrgewohnheiten zugrunde und rechnet nicht mit Durchschnitts-, sondern mit Höchstwerten, enthält eine Konfitürenmahlzeit (30 g) maximal 6 mg Solanin, eine Mahlzeit mit milchsauer eingelegten grünen Tomatenkonserven (100 g) höchstenfalls 19 mg, eine Mahlzeit mit süßsauren Tomatenkonserven (100 g) jedoch bis zu 27 mg. Solaningehalte unter 20 mg/100 g gelten als nicht gesundheitsschädlich. Die Aufnahme von über 400 mg Solanin führt zum Tod.

8

kochen leicht gemacht

DER PARADIESFRUCHT GERECHT ZU WERDEN ZAHLT SICH AUS: SIE LOHNT ES MIT AROMAFÜLLE UND REICHLICH FITMACHERN. KOMBINIERT MIT DEN RICHTIGEN KRÄUTERN, GEWÜRZEN UND BEILAGEN VERKÖRPERN TOMATENSPEISEN DIE SOMMERKÜCHE.

Es gibt nur wenige Köche, die sich über ellenlange Zutatenlisten freuen. Die hier vorgestellten Rezepte befriedigen denn auch eher Freunde der raschen Küche.

Grundsätzlich können Sie die Zutaten etwa um Schnittlauch, Knoblauch oder Zwiebeln erweitern, falls diese Lauchgewächse nicht in der Zutatenliste genannt werden.

Die Angaben lassen sich auch um Ihre persönlich favorisierten Kochzutaten bereichern.

Etwas Zucker – meist genügt ein halber Teelöffel – ist im Gegensatz zu Glutamat stets ein effektiver und dabei völlig unbedenklicher Geschmacksverstärker. Andere Kräuter- und Gewürzvariationen können den Geschmack eines Gerichtes deutlich verändern, also Mut zum Ausprobieren!

Sofern keine anderen Angaben stehen, sind die Rezepte für 4 Portionen berechnet. Die Abkürzungen TL und EL stehen für Teelöffel und Esslöffel.

Die richtige Sorte

Im Grunde genommen lassen sich aus allen Tomatenformen und Sorten sämtliche Rezepte verwirklichen.

Bei Gerichten, die aus rohen Tomaten zubereitet werden, macht sich die sorgfältige Auswahl der Sorte aber bemerkbar. Besonders aromatische Züchtungen sollten hier zum Einsatz kommen, selbstverständlich voll ausgereift.

Flaschen- oder Eiertomaten beispielsweise sind eher Kochfrüchte, Fleischtomaten lassen sich leicht aufschneiden und bieten sich von daher für Gerichte mit ganzen Scheiben an.

Cocktail- oder Cherrytomaten schmecken nicht nur sehr intensiv, sie verleihen Mischsalaten ein besonders apartes Aussehen.

Sonderformen wie die innen hohle Sorte „Gelbe zum Füllen" bieten sich für spezielle Gerichte an: gefüllte Tomaten oder Rezepte, bei denen es vorteilhaft ist, wenn die Tomaten nicht so sehr saften.

Auch Kombinationen mit verschiedenfarbigen Sorten haben ihren eigenen Reiz. Geschmacklich geben aber eher die Sorte als solche und der Reifegrad vor, wie aromatisch das fertige Gericht mundet, die Farbe selbst hat meist nur optischen Einfluss.

TIPP

ZWIEBELN SCHNEIDEN

WOLLEN SIE ZWIEBELN ROH ESSEN, ETWA AN HERZHAFTEN TOMATENSALATEN, SOLLTEN SIE ERST UNMITTELBAR VOR DEM VERZEHR DIE GEWÜNSCHTE MENGE KLEIN SCHNEIDEN. BEREITS 30 MINUTEN NACH DEM ZERKLEINERN BEGINNT IN DER ZWIEBEL EIN ZERSETZUNGSPROZESS. DIE ABBAUPRODUKTE KÖNNEN BLÄHUNGEN UND AUFSTOSSEN HERVORRUFEN.

Mozzarella-Salat

4 PORTIONEN:
400 g Mozzarella
600 g Tomaten
1 Bund frisches Basilikum

DRESSING:
3 EL Balsamessig
3 EL Olivenöl
1/2 TL Zucker
Salz, Pfeffer

- Mozzarella in dünne Scheiben schneiden.
- Tomaten waschen, Stielansätze entfernen, Tomaten in Scheiben schneiden.
- Mozzarella- und Tomatenscheiben abwechselnd auf einer großen Platte anrichten und mit Basilikumstreifen bestreuen.
- Die Zutaten für das Dressing gut verrühren.
- Mozzarella-Tomaten-Salat mit Dressing beträufeln und sofort servieren.

TIPP

AROMATISCHE RUNDTOMATEN WIE TIGERELLA EIGNEN SICH FÜR DIESEN SALAT BESONDERS GUT.

Dieses klassische Tomatengericht aus dem Süden schmeckt am besten mit frischem, knusprigem Weißbrot (z.B. Ciabatta).

Sommer-Salat

4 PORTIONEN:

1 kleiner Eis- oder Krachsalat
1 roter Paprika
1 gelber Paprika
4 Tomaten
1/2 Salatgurke
1 Zwiebel

DRESSING:

3 EL Wasser
3 EL Apfelessig
4 EL Olivenöl
1/2 TL Zucker
Salz, Pfeffer
1 Hand voll frische Kräuter (z. B. Basilikum, Boretsch, Dill, Petersilie, Schnittlauch, Thymian)

- Salat in mundgerechte Stücke zerteilen, waschen und gut abtropfen lassen.
- Stielansätze der Tomaten entfernen und mit Paprika und Gurke waschen.
- Paprika entkernen.
- Den Salat mit den gewürfelten Paprika, Tomaten, Gurken und der fein gehackten Zwiebel mischen.
- Die Zutaten für das Dressing gut verrühren, über den Sommer-Salat gießen und gut vermengen.
- Zuletzt den Salat mit den fein geschnittenen Kräutern bestreuen.

VARIATION

BEI ZUGABE VON 100 G SCHAFSKÄSE UND 100 G OLIVEN WIRD AUS DEM SOMMER-SALAT EINE VOLLWERTIGE, LEICHT VERDAULICHE KÜHLE MAHLZEIT FÜR HEISSE TAGE.

Besonders hübsch sieht der Sommer-Salat aus, wenn er mit den essbaren blauen Boretschblüten garniert wird.

Mais-Tomaten-Salat

4 PORTIONEN:
4 Tomaten
2 rote Paprika
1 Zwiebel
200 g Maiskörner aus der Dose, abgetropft

DRESSING:
2 EL Apfelsaft
3 EL Apfelessig
4 EL Olivenöl
1/2 TL Zucker
Curry
Salz, Pfeffer
Dill, Petersilie, Schnittlauch

- Tomaten waschen, Stielansätze entfernen und achteln.
- Paprika waschen, entkernen und in feine Streifen schneiden.
- Zwiebel schälen und fein hacken.
- Tomaten, Paprika und Zwiebel mit Maiskörnern vermengen.
- Die Zutaten für das Dressing gut verrühren und unmittelbar vor dem Servieren über das Tomaten-Paprika-Mais-Gemisch gießen.
- Zuletzt den Salat mit den fein geschnittenen Kräutern bestreuen.

TIPP

NOCH AROMATISCHER SCHMECKT DER SALAT MIT JE NACH GRÖSSE HALBIERTEN ODER GANZEN COCKTAILTOMATEN.

Eine pikante Note erhält der herzhafte Salat durch Zugabe einer fein geschnittenen Chilischote.

Nudel-Tomaten-Salat

4 PORTIONEN:

150 g Hörnchen- oder Spiralnudeln
200 g Zuckererbsen-Schoten
300 g Fleischtomaten

DRESSING:

5 EL Apfelessig
2 EL Olivenöl
2 TL Mayonnaise
Zucker
Salz, Pfeffer
2 EL Basilikum, Dill oder Schnittlauch

- Nudeln in Salzwasser bissfest kochen und abtropfen lassen.
- Zuckererbsen-Schoten waschen, Stielansätze und Spitzen entfernen, in wenig Wasser 5 Minuten dünsten, abtropfen lassen.
- Tomaten waschen, Stielansätze entfernen und die Tomatenstücke würfeln.
- Nudeln, Zuckererbsen und Tomatenwürfel vermengen.
- Die Zutaten für das Dressing gut verrühren und unter den Salat mischen.
- Zuletzt den Salat mit den fein geschnittenen Kräutern bestreuen.

TIPP

DIE SCHOTEN DER ZUCKERERBSEN VERLEIHEN DIESEM VOLLWERTIGEN SOMMERGERICHT NEBEN DER FARBKOMPONENTE GRÜN DAS GEWISSE ETWAS. ABER AUCH MIT DER ENTSPRECHENDEN MENGE NORMALER ERBSEN SCHMECKT DER SALAT AUSGEZEICHNET.

Leichter Kartoffel-Tomaten-Salat

4 PORTIONEN:

300 g Kartoffeln
4 Tomaten
1/2 Salatgurke
1 roter Paprika
1 Apfel
1 große Zwiebel

DRESSING:

1 Ei
1/2 TL Senf
1 EL Apfelsaft
2 EL Apfelessig
3 EL Olivenöl
Paprikapulver
Salz, Pfeffer
Dill, Petersilie, Schnittlauch

- Kartoffeln bissfest kochen, schälen, würfeln.
- Bei den Tomaten die Stielansätze entfernen, mit Gurke, Paprika und Apfel waschen.
- Paprika entkernen.
- Alle Zutaten in Würfel schneiden.
- Für das Dressing das Ei hart kochen.
- Das Eigelb mit dem Senf verrühren, das Eiweiß fein zerhacken und alles mit den restlichen Dressing-Zutaten mischen.
- Dressing über den Kartoffel-Tomaten-Salat gießen, vorsichtig vermischen.
- Zuletzt den Salat mit den fein geschnittenen Kräutern bestreuen.

TIPP

FLEISCHTOMATEN VERLIEREN WENIGER SAFT, EIGNEN SICH ALSO BESONDERS GUT.

Deftiger Kartoffel-Tomaten-Salat

4 PORTIONEN:

500 g Kartoffeln (fest kochend)
500 g Fleisch- oder Cocktailtomaten
4 Essiggurken
1 Apfel
2 Zwiebeln
100 g roher oder gekochter Schinken

DRESSING:

1 Zitrone
1 TL Senf
1 Knoblauchzehe
2 EL Apfelessig
2 EL Olivenöl
Zucker
Salz, Pfeffer
je 1 TL Oregano, Rosmarin, Thymian

- Kartoffeln in der Schale gar kochen, abkühlen lassen, schälen und in Scheiben schneiden.
- Tomaten waschen, Stielansätze entfernen und Tomatenstücke in grobe Würfel schneiden (Cocktailtomaten halbieren).
- Essiggurken ebenfalls in feine Scheiben schneiden.
- Apfel fein raspeln.
- Zwiebeln schälen und in dünne Streifen schneiden.
- Die Zutaten für das Dressing mit dem zerdrückten Knoblauch vermischen.
- Kartoffeln, Tomaten und Essiggurken in eine Schüssel geben, Apfel- und Zwiebelstücke darüber streuen.
- Dressing darüber gießen und vorsichtig untermischen.
- Den in Streifen geschnittenen Schinken darüber streuen.

TIPP

EINE BESONDERE NOTE ERHÄLT DIESER SALAT, WENN SIE 3 EL KAPERN MIT DEM DRESSING PÜRIEREN.

Bohnen-Tomaten-Salat

4 PORTIONEN:

500 g grüne Bohnen
400 g Cocktailtomaten
1 Bund Rucola
1 Bund Einjähriges Bohnenkraut
2 Zwiebeln

DRESSING:

1 Knoblauchzehe
3 EL Balsamessig
4 EL Olivenöl
1 Prise Zucker
Salz, Pfeffer

Ein Salat für die schlanke Linie – serviert mit Schinken- oder Käsebrötchen eine bekömmliche Mahlzeit.

- Bohnen waschen, Stielansätze und Spitzen entfernen, in wenig Wasser bissfest kochen.
- Abkühlen und abtropfen lassen, dann in 3 cm lange Stücke zerschneiden.
- Tomaten waschen, halbieren und mit den Bohnen in eine Schüssel geben.
- Rucola waschen, abtropfen lassen, entstielen und in Streifen schneiden.
- Die Blättchen des Bohnenkrauts von den Stängeln streifen.
- Zwiebeln schälen, längs vierteln und in Streifen schneiden.
- Alle diese Zutaten ebenfalls in die Schüssel geben.
- Die Zutaten für das Dressing mit dem zerdrückten Knoblauch verrühren und vorsichtig mit dem Salat vermischen.

TIPP

DEN NUSSIGEN RUCOLA-GESCHMACK KÖNNEN SIE MIT 2 EL GROB GEHACKTEN WALNÜSSEN UNTERSTREICHEN.

Gurken-Tomaten-Salat

4 PORTIONEN:
750 g Cocktailtomaten
1 große Salatgurke
1 Zwiebel

DRESSING:
150 g Sauerrahm
1 Zitrone
1 EL Olivenöl
Zucker
Salz, Pfeffer
1 Bund Dill
frische Zitronenmelisse

- Cocktailtomaten waschen und halbieren.
- Gurke waschen, schälen und in etwa kirschgroße Würfel schneiden.
- Zwiebel schälen, halbieren und in feine Streifen schneiden.
- Alles in eine Schüssel geben und vorsichtig mischen.
- Die Zutaten für das Dressing gut verrühren.
- Dill waschen, gut abtropfen lassen und fein schneiden.
- Dressing mit Dill vermischen und über die Gurken-Tomaten-Zwiebel-Mischung gießen.
- Zitronenmelisse fein schneiden und den Salat damit bestreuen.

TIPP

DEN SALAT ERST UNMITTELBAR VOR DEM SERVIEREN ANRICHTEN, DA GURKE UND TOMATEN SONST ZU VIEL WASSER ZIEHEN.

Frisch, leicht, reich an Inhaltsstoffen – das sind die Attribute dieses bekömmlichen Sommersalates.

Griechischer Bauernsalat

4 PORTIONEN:
1 Salatgurke
1 gelber Paprika
1 roter Paprika
500 g Tomaten
2 Zwiebeln
1 Apfel
200 g Schafskäse
100 g schwarze Oliven

DRESSING:
1 Knoblauchzehe
4 EL Balsamessig
4 EL Olivenöl
Salz, Pfeffer
Dill, Basilikum, Oregano

Zu dieser griechischen Spezialität passen frisches, knuspriges Weißbrot und trockener Wein.

- Gurke waschen, schälen und würfeln.
- Paprika entkernen, waschen und in Streifen schneiden.
- Tomaten waschen, achteln, dabei Stielansätze entfernen.
- Zwiebeln schälen, halbieren und in feine Halbringe schneiden.
- Apfel waschen, ungeschält achteln, entkernen und in feine Würfel schneiden.
- Schafskäse in kleine Würfel zerteilen.
- Alle Zutaten in eine Salatschüssel geben und Oliven untermischen.
- Die fein gehackten Kräuter mit dem zerdrückten Knoblauch und den übrigen Dressing-Zutaten gut verrühren und über den Salat gießen.
- Sofort servieren!

TIPP

FEURIG WIRD DER WÜRZIG-BUNTE SALAT MIT 1 BIS 2 FEIN GESCHNITTENEN CHILISCHOTEN.

suppen & soßen

Tomatensuppe der Provence

4 PORTIONEN:

2 rote Paprika
2 Zucchini
1 große Zwiebel
1 EL Olivenöl
600 g Tomaten
500 ml Gemüsebrühe
1 EL Tomatenmark
Salz, Pfeffer
Basilikum, Petersilie, Rosmarin, Schnittlauch, Thymian
etwas Ingwer oder Zitronengras

- Paprika und Zucchini waschen, Paprika entkernen und beide würfelig schneiden.
- Zwiebel schälen und fein würfeln.
- Gewürfeltes Gemüse in Olivenöl bissfest dünsten.
- Tomaten waschen, Stielansätze entfernen und Tomatenstücke roh pürieren.
- Gedünstetes Gemüse in der Gemüsebrühe aufkochen.
- Tomatenmark unterrühren und mit Gewürzen und fein gehackten Kräutern abschmecken.

TIPP

ZUR NOT KÖNNEN SIE DIE FRISCHEN KRÄUTER DURCH 2 ESS-LÖFFEL GETROCKNETE KRÄUTER DER PROVENCE ERSETZEN.

Mehl zum Binden lässt sich durch eine fein geriebene, gekochte Kartoffel ersetzen.

Lauch-Tomaten-Suppe

4 PORTIONEN:

2 Stangen Lauch
1 EL Olivenöl
1 200 g Tomaten oder
1 000 ml Tomatensaft
2 Lorbeerblätter
1 gekochte Kartoffel oder
1 EL Weizenmehl
50 g gekochter Reis
Zucker
Salz, Pfeffer
Petersilie, Thymian

- Lauch waschen, in feine Ringe schneiden und in Olivenöl dünsten.
- Tomaten waschen, Stielansätze entfernen und die Tomatenstücke pürieren.
- Tomatenpüree oder -saft mit gedünstetem Lauch, Lorbeerblättern und Gewürzen aufkochen.
- Kartoffel fein reiben oder Weizenmehl in etwas kaltem Wasser glatt rühren.
- Zusammen mit gekochtem Reis in die Suppe geben.
- Nochmals kurz aufkochen, Lorbeerblätter herausnehmen.
- Vor dem Servieren die fein gehackten Kräuter darüber streuen.

TIPP

DER REIS KANN AUCH DURCH KLEINE KARTOFFELWÜRFEL, GRÜNKERN ODER SPIRALNUDELN ERSETZT WERDEN. AUCH BEREITGESTELLTE CROÛTONS ERFÜLLEN DENSELBEN ZWECK.

Paprika-Tomaten-Suppe

4 PORTIONEN:
2 Zwiebeln
1 Knoblauchzehe
100 g Salami oder roher Schinken
1 EL Olivenöl
1 200 g Tomaten oder 1 000 ml Tomatensaft
2 rote oder gelbe Paprika
1 Chilischote
300 ml Möhrensaft
200 g Maiskörner aus der Dose, abgetropft
1/2 TL Paprikapulver
1 Msp. Chilipulver
1/2 TL Cumin/Kreuzkümmel, frisch gemahlen
1/2 TL Zucker
Salz, Pfeffer

- Zwiebeln und Knoblauch schälen und fein schneiden.
- Mit fein geschnittener Salami oder zartem Schinken in Olivenöl dünsten.
- Tomaten waschen, Stielansätze entfernen und pürieren.
- Paprika und Chilischote waschen, entkernen, fein schneiden und zu den Zwiebeln geben.
- Mit Tomatenpüree oder -saft und Möhrensaft aufgießen, Mais und Gewürze unterrühren und 15 Minuten kochen lassen.

TIPP

AUCH OHNE SALAMI ODER SCHINKEN SCHMECKT DIESER GEMÜSEREICHE SUPPENTOPF HERZHAFT WÜRZIG.

Fruchtige Tomatensuppe

4 PORTIONEN:

1 000 g Tomaten
1/2 Lauchstange
1/4 Sellerieknolle oder etwas Staudensellerie
1 Zwiebel
1 EL Olivenöl
4 EL Tomatenmark
1 EL Vollkornmehl
300 ml Gemüsebrühe oder Möhrensaft
50 ml Sahne
1 TL Zucker
Salz, Pfeffer
Petersilie, Zitronenmelisse

- Gemüse putzen, in kleine Stücke schneiden und (außer den Tomaten) in Olivenöl dünsten.
- Tomatenmark und Vollkornmehl zugeben und kurz weiterdünsten.
- Mit Gemüsebrühe oder Möhrensaft ablöschen.
- Tomatenstücke zugeben und 5 Minuten köcheln.
- Alles pürieren, Sahne zugeben, nochmals kurz aufkochen.
- Mit Zucker, Salz und Pfeffer würzen.
- Fein geschnittene Kräuter darüber streuen.

VARIATION

INGWER, CURRY UND ZITRONENGRAS ANSTELLE DES SELLERIES VERLEIHEN DER SUPPE EIN VÖLLIG ANDERES AROMA.

Joghurt-Tomaten-Suppe

4 PORTIONEN:
1 000 g Tomaten
1 Zwiebel
1/2 Zitrone
500 g Naturjoghurt
1 TL Rosenpaprika-Pulver
1 TL Zucker
1 TL Kräutersalz
Pfeffer
Basilikum, Petersilie

- Tomaten waschen und Stielansätze entfernen.
- Zwiebel schälen und würfeln und sofort mit den Tomaten pürieren.
- Zitronensaft zugeben, Joghurt und Gewürze unterrühren.
- Kräuter fein hacken und bis auf 1 EL untermischen.
- Restliche Kräuter vor dem Servieren über die Kaltsuppe streuen.

TIPP

DIE ERFRISCHENDE KALTSUPPE LÄSST SICH MIT CHILIPULVER ODER EINER CHILISCHOTE FEURIG MACHEN.

Interessante Farbvarianten ergeben sich, wenn Sie statt roten gelbe oder grüne Tomatensorten verwenden.

Napoli-Tomatensoße

4 PORTIONEN:
1 000 g Tomaten
2 Zwiebeln
1 Knoblauchzehe
1 bis 2 EL Olivenöl
1 EL Mehl
Basilikum, Oregano, Thymian
Zucker
Salz, Pfeffer

- Tomaten waschen, Stielansätze entfernen und pürieren.
- Fein gehackte Zwiebeln und zerdrückten Knoblauch in Olivenöl dünsten.
- Mehl darüber streuen und kurz mitdünsten.
- Tomatenpüree und fein gehackte Kräuter zugeben.
- Nach 5 Minuten Kochzeit mit Zucker, Salz und Pfeffer abschmecken.

TIPP

TRADITIONELL WIRD DIESE FRUCHTIG-LEICHTE SOSSE ZU SPAGHETTI GEREICHT (500 G FÜR 4 PORTIONEN) UND MIT PARMESANKÄSE BESTREUT.

Tomaten-Dip

4 PORTIONEN:
1 roter Paprika
3 Tomaten
1 Zwiebel
1 TL Zucker
Salz, Pfeffer
frische Petersilie

- Paprika waschen und entkernen.
- Tomaten waschen, Stielansätze entfernen.
- Paprika und Tomaten fein pürieren.
- Zwiebel schälen und sehr fein hacken.
- Petersilie klein schneiden und alles mit den übrigen Gewürzen vermischen.

TIPP

SCHMECKT ZUM DIPPEN MIT SALZSTANGEN, CHIPS ODER ALS KALTE SOSSE ZU ALLERLEI GEGRILLTEM.

Rucola-Tomaten-Soße

4 PORTIONEN:
500 g Tomaten
1 Bund Rucola
100 g Naturjoghurt
100 g Magertopfen
1 Msp. Chilipulver oder
1 frische Chilischote
1 TL Zucker
Kräutersalz
Pfeffer

- Tomaten waschen, Stielansätze entfernen und fein würfeln.
- Rucola waschen, abtropfen lassen, entstielen und in feine Streifen schneiden.
- Tomaten und Rucola mit den übrigen Zutaten gut vermischen und kurz durchziehen lassen.

TIPP

FRISCH GERÖSTETE, GROB GEHACKTE KÜRBIS- ODER SONNENBLUMENKERNE VERFEINERN DIE SOSSE.

Probieren Sie diese rasch zubereitete kalte Soße als besondere Beilage zu Gegrilltem oder als neues Geschmackserlebnis zu Pellkartoffeln.

Mais-Tomaten-Salsa

4 PORTIONEN:
500 g Tomaten
2 Zwiebeln
1 Chilischote
Saft einer Zitrone oder
fein geschnittenes Zitronengras
1 EL Olivenöl
Kräutersalz
200 g Maiskörner aus der Dose, abgetropft

- Tomaten waschen, Stielansätze entfernen und grob zerteilen.
- Zwiebeln schälen und würfeln.
- Chilischote waschen, entkernen und in Streifchen schneiden.
- Alle Zutaten (außer Mais) pürieren und gut durchziehen lassen.
- Vor dem Servieren Maiskörner zugeben.

TIPP

DIESE KALTE BEILAGE PASST AUSGEZEICHNET ZU GEGRILLTEM.

hauptgerichte & beilagen

Ratatouille

4 PORTIONEN:
2 rote Paprika
2 kleine Zucchini
6 Tomaten
1 Zwiebel
1 Knoblauchzehe
3 EL Olivenöl
2 EL Weizenmehl
1/2 TL Honig oder Zucker
Salz, Pfeffer
Majoran, Petersilie, Rosmarin, Thymian
1 EL Sahne

- Gemüse putzen und klein schneiden.
- Alles in Olivenöl bissfest dünsten.
- Das Mehl mit etwas kaltem Wasser zu einem glatten Brei verrühren, um die beim Dünsten entstandene Gemüseflüssigkeit zu binden.
- Mit Gewürzen, fein gehackten Kräutern und eventuell mit ein wenig Sahne abschmecken.

VARIATION

AUBERGINEN STATT PAPRIKA SIND EINE SCHMACKHAFTE ALTERNATIVE.

Pilz-Tomaten-Gulasch

4 PORTIONEN:

500 g frische Champignons
2 rote Paprika
2 Zwiebeln
1 Knoblauchzehe
1 EL Olivenöl
600 g Tomaten (frisch püriert) oder
500 ml Tomatensaft
2 EL Tomatenmark
1 EL Paprikapulver
1/4 bis 1/2 TL Cayennepulver
1 TL Zucker
Salz
Petersilie, Rosmarin,
Schnittlauch, Thymian etc.
100 g Crème fraîche oder Sahne

- Champignons putzen und vierteln.
- Paprika waschen, entkernen und in Streifen schneiden.
- Zwiebeln schälen, fein hacken und mit der zerdrückten Knoblauchzehe in Olivenöl dünsten.
- Nach 5 Minuten Champignons und Paprika zugeben und weitere 5 Minuten dünsten.
- Tomatenpüree oder -saft, Tomatenmark, Gewürze und fein gehackte Kräuter unterrühren und nochmals 5 Minuten garen.
- Zum Schluss Crème fraîche oder Sahne unterziehen.

TIPP

ZUR NOT EIGNEN SICH AUCH DOSENPILZE – ABER BESSER SCHMECKT DAS GERICHT EINDEUTIG MIT FRISCHEN PILZEN.

Toskanisches Tomatengemüse

4 PORTIONEN:

2 Auberginen
6 Tomaten
4 rote Paprika
3 Zwiebeln
1 Knoblauchzehe
Rosmarin
1 EL Olivenöl
1 kleiner Apfel
300 ml Gemüsebrühe
1/2 TL Zucker
Salz, Pfeffer
Petersilie

- Auberginen waschen und in Scheiben schneiden.
- Mit etwas Salz bestreuen, 10 Minuten ziehen lassen, dann mit kaltem Wasser abspülen (entfernt die Bitterstoffe).
- Tomaten waschen, Stielansätze entfernen und grob würfeln.
- Paprika waschen, entkernen und in Streifen schneiden.
- Zwiebeln schälen, in Würfel oder feine Scheiben schneiden.
- Knoblauchzehe zerdrücken und alles in Olivenöl dünsten.
- Kurz vor Ende der Garzeit Apfelstückchen hinzufügen und mitdünsten.
- Mit Gemüsebrühe ablöschen, aufkochen und würzen.
- Vor dem Servieren mit frischer Petersilie bestreuen.

TIPP

WER ES NOCH „TOMATIGER" MAG, ERSETZT DIE GEMÜSEBRÜHE DURCH TOMATENSAFT UND SCHMECKT ENTSPRECHEND MIT SALZ AB.

Tomaten-Chili mit Grünkern

4 PORTIONEN:
500 g Kidneybohnen
2 rote Paprika
2 Chilischoten
1 kleine Zucchini
2 Zwiebeln
1 EL Olivenöl
125 g Grünkernschrot
5 Tomaten
750 ml Gemüsebrühe
100 g Tomatenmark
2 EL Oregano oder italienische Kräuter
1 TL Honig
2 TL Paprikapulver
Salz, Pfeffer

- Die am Vortag eingeweichten Kidneybohnen weich kochen (60 Minuten, im Dampfkochtopf 12 Minuten).
- Paprika, Chili und Zucchini waschen, Paprika und Chili entkernen und alles fein würfeln.
- Zwiebeln schälen und auch fein würfelig schneiden.
- Alles in Olivenöl dünsten, Grünkernschrot zugeben und kurz mitdünsten.
- Gewürfelte Tomaten und Gemüsebrühe hinzufügen.
- Aufkochen, bis das Grünkernschrot weich ist.
- Kidneybohnen, Tomatenmark und Kräuter zugeben, kurz aufkochen.
- Mit Gewürzen abschmecken.

TIPP

IST KEIN GRÜNKERN VORRÄTIG, EIGNEN SICH AUCH BUCHWEIZEN ODER RASCH GARE REISSORTEN WIE BASMATI.

Eier-Tomaten-Pfanne

4 PORTIONEN:
8 Tomaten
1 Zwiebel
1 EL Olivenöl
7 bis 8 Eier (je nach Größe)
1/2 TL Paprikapulver
Salz
italienische Kräuter
150 g geriebener Hartkäse, 100 g Schafskäse oder 200 g Mozzarella

- Tomaten waschen, Stielansätze entfernen und würfeln.
- Fein gehackte Zwiebel in Olivenöl dünsten.
- Kurz vor Ende der Garzeit die gewürfelten Tomaten zugeben.
- Eier, Gewürze und Kräuter verquirlen.
- Masse über das gedünstete Gemüse gießen, etwas stocken lassen.
- Hartkäse darüber streuen.
- Zugedeckt nochmals 3 Minuten weitergaren.

VARIATION

GEBEN SIE 200 G PILZE ZU UND ERSETZEN SIE DAS PAPRIKAPULVER DURCH MUSKAT UND PFEFFER – DAS GERICHT ERHÄLT EINE VÖLLIG ANDERE NOTE.

Gefüllte Tomaten

4 PORTIONEN:
150 g Vollkornnudeln
8 große Fleischtomaten
1 große Zwiebel
italienische Kräuter, Petersilie
1 EL Olivenöl
Salz, Pfeffer
150 g Hartkäse
150 g Mozzarella
1/4 TL Kräutersalz

- Nudeln in Salzwasser bissfest kochen, abtropfen lassen.
- Von den gewaschenen Tomaten am Stielende Deckel abschneiden und das Fruchtfleisch herausstechen – dabei einen gut 1 cm dicken Rand stehen lassen.
- Das entnommene Fruchtfleisch fein würfeln.
- Zwiebel schälen, fein schneiden und mit den Kräutern in Olivenöl dünsten.
- Salz, Pfeffer, Nudeln, Hälfte des gewürfelten Tomatenfleisches und geriebenen Hartkäse zugeben und diese Masse in die ausgehöhlten Tomaten füllen.
- Gefüllte Tomaten mit dünnen Mozzarella-Scheiben zudecken und in eine gefettete Auflaufform setzen.
- Restliches Tomatenfleisch mit Kräutersalz mischen und in die Auflaufform geben.
- Bei 200 °C im vorgeheizten Backofen 20 Minuten überbacken.

TIPP

PROBIEREN SIE ANSTELLE DER VOLLKORNNUDELN AUCH REIS, GRÜNKERN ODER FEIN GEWÜRFELTE KARTOFFELN.

Kartoffel-Tomaten-Gratin

4 PORTIONEN:

750 g Kartoffeln
2 rote Paprika
250 g Zucchini
800 g Tomaten
1 Zwiebel
1 EL Olivenöl
2 EL Tomatenmark
2 Hand voll frische Kräuter (z. B. Basilikum, Oregano, Petersilie, Schnittlauch)
Paprikapulver
Salz, Pfeffer
100 g Hartkäse
250 g Mozzarella
100 g Parmesankäse
2 EL Paniermehl

- Kartoffeln bissfest kochen, schälen und in feine Scheiben schneiden.
- Paprika entkernen und mit Zucchini waschen, Paprika in Streifen und Zucchini in feine Scheiben schneiden.
- Tomaten waschen, Stielansätze entfernen und Tomatenstücke pürieren.
- Fein gehackte Zwiebel, Paprikastreifen und Zucchinischeiben in Olivenöl dünsten.
- Tomatenpüree mit Tomatenmark, fein gehackten Kräutern und Gewürzen aufkochen.
- Die Hälfte der Kartoffelscheiben in eine gefettete Auflaufform füllen.
- Geriebenen Hartkäse darüber streuen.
- Gedünstetes Gemüse darauf verteilen.
- Mit der Tomatenmasse übergießen.
- Restliche Kartoffelscheiben dachziegelartig darauf schichten.
- Mozzarella-Scheiben gleichmäßig verteilen.
- Mit Parmesan und Paniermehl bestreuen.
- Den Auflauf bei 200 °C 20 Minuten gratinieren.

VARIATION

ERSETZEN SIE PAPRIKA UND PAPRIKAPULVER DURCH FRISCHE CHAMPIGNONS UND CURRY – ES ENTSTEHT EIN FAST VÖLLIG NEUES GERICHT.

Kartoffeln mit Tomatentopfen

4 PORTIONEN:

1 000 g Kartoffeln
600 g Tomaten
100 g Schafskäse
1 Zwiebel
250 g Magertopfen
1 Bund Petersilie
1 frisches Salbeiblatt
Zucker
Salz, Pfeffer

- Kartoffeln in der Schale gar kochen.
- Tomaten waschen, Stielansätze entfernen.
- Tomaten mit dem Schafskäse fein pürieren.
- Zwiebel schälen und mit den Kräutern sehr fein schneiden.
- Das Püree mit Topfen, Kräutern und Zwiebel mischen.
- Mit Salz, Pfeffer und einer Prise Zucker würzen und zu den Kartoffeln reichen.

VARIATION

KRÄUTER DER PROVENCE, FRISCHES BASILIKUM ODER REICHLICH SCHNITTLAUCH GEBEN DEM TOPFEN JEWEILS EINE ANDERE GESCHMACKSRICHTUNG.

Ideal als erfrischendes Gericht an heißen Tagen oder als leichte Abendmahlzeit.

Bohnen-Tomaten-Topf

4 PORTIONEN:
500 g Tomaten
2 Stangen Lauch
1 Zwiebel
1 EL Olivenöl
300 g gekochte weiße oder rote Bohnenkerne
1/2 TL Zucker
Salz, Pfeffer
1 gekochte Kartoffel oder 1 EL Mehl

- Tomaten waschen, Stielansätze entfernen und die Tomatenstücke pürieren.
- Lauch waschen und in Streifen schneiden.
- Lauchstreifen mit der fein gehackten Zwiebel in Olivenöl dünsten.
- Tomatenpüree mit Lauch-Zwiebel-Gemisch und gekochten Bohnenkernen 10 Minuten garen.
- Mit Gewürzen abschmecken.
- Fein geriebene Kartoffel oder in etwas kaltem Wasser glatt gerührtes Weizenmehl zum Binden unterrühren.

TIPP

ZUM EINDICKEN EIGNEN SICH AUCH 2 PÜRIERTE MÖHREN ODER 200 G KÜRBISPÜREE.

Das Grundrezept ist auch für andere Hülsenfrüchte geeignet: Statt Bohnenkerne kann man Trockenerbsen oder Linsen verwenden.

Sandwich-Tomate

4 PORTIONEN:
4 große Fleischtomaten
1 kleiner Speisekürbis (Butternut)
1 bis 2 EL Olivenöl
8 Eier
Muskatnuss
Salz, Pfeffer
1 Bund Basilikum
4 EL Sahne

- Tomaten waschen, Stielansätze entfernen und die Tomaten jeweils quer in 3 dicke Scheiben schneiden.
- Bei starker Hitze in etwas Olivenöl beidseitig kurz braten.
- In gleicher Größe wie die Tomatenscheiben den geschälten Kürbis in 8 knapp 1 cm dicke Scheiben schneiden.
- In Olivenöl bei mittlerer Hitze beidseitig bissfest dünsten.
- Eier mit den Gewürzen gut verquirlen und in einer Pfanne bei mittlerer Hitze stocken lassen.
- Zum Schluss in Streifen geschnittene Basilikumblätter und Sahne unterrühren.
- „Sandwiches" herstellen, indem die unterste Scheibe der Tomate mit Rühreimasse belegt wird, dann folgt eine Kürbisscheibe, wieder Rührei, die mittlere Tomatenscheibe, Rührei, eine weitere Kürbisscheibe, Rührei und zum Abschluss die dritte Tomatenscheibe.

Dieses Gericht ist optisch und kulinarisch etwas Besonderes, auch wenn Sie die Kürbisscheiben durch Auberginen- oder große Zucchini-Scheiben ersetzen.

TIPP

BEI DEN SPEISEKÜRBISSEN LASSEN SICH DIE SORTEN BUTTERNUT, LANGER AUS NIZZA UND TROMBOLINO BESONDERS GUT IN SCHEIBEN SCHNEIDEN.

Brokkoli-Tomaten-Pizza

4 PORTIONEN:

TEIG:
250 g Magertopfen
2 Eigelb
3 EL Öl
400 g Mehl
1 Päckchen Backpulver
1/2 TL Salz

BELAG:
3 EL Tomatenmark
1 EL Olivenöl
1 EL Oregano
500 g Brokkoli
300 g frische Champignons
1/2 Zitrone
400 g Tomaten
100 g Hartkäse oder
200 g Mozzarella

- Für den Teig Topfen, Eigelb, Salz und Öl verrühren.
- Das mit dem Backpulver vermischte Mehl nach und nach unterrühren.
- Den Teig glatt und elastisch kneten, dann dünn ausrollen.
- Auf ein gut gefettetes Backblech legen, dabei einen schmalen Rand formen.
- Tomatenmark, 1 EL Olivenöl und Oregano vermischen und auf den Teigboden streichen.
- Den gewaschenen und in kleine Röschen zerteilten Brokkoli kurz mit heißem Wasser übergießen.
- Champignons putzen, in Scheiben schneiden und mit Zitronensaft beträufeln.
- Tomaten waschen, Stielansätze entfernen und achteln.
- Gemüse auf dem Teig verteilen.
- Belag mit geriebenem Hartkäse oder dünnen Mozzarella-Scheiben bedecken.
- Pizza im vorgeheizten Backofen bei 180 °C 25 Minuten backen.

TIPP

FARBLICH WIRKEN DIE GRÜNEN BROKKOLI-RÖSCHEN AUF DIESER PIZZA BESONDERS APART, ES LÄSST SICH ABER AUCH BLUMENKOHL VERWENDEN.

Tomaten-Omelette

4 PORTIONEN:
300 g Tomaten
1 roter Paprika
1 Zwiebel
1 EL Olivenöl
1 EL Oregano
6 Eier
Salz, Pfeffer
frische Petersilie

- Tomaten waschen, Stielansätze entfernen und Tomatenstücke würfeln.
- Paprika waschen, entkernen und in feine Streifen schneiden.
- Zwiebel schälen, fein hacken oder in sehr dünne Streifen schneiden.
- In Olivenöl Paprika und Zwiebelstücke dünsten.
- Nach 5 Minuten Tomaten und Oregano zugeben und erhitzen.
- Mit Salz und Pfeffer verquirlte Eier dazugießen und stocken lassen.
- Fein geschnittene Petersilie darüber streuen und sofort servieren.

Das nahrhafte Gericht ist blitzschnell zubereitet – grüner Salat und frisches Weißbrot passen gut dazu.

VARIATION

DURCH ZUGABE VON CHAMPIGNONS, SCHINKENSTREIFEN ODER REIBKÄSE KÖNNEN SIE DEM GRUNDREZEPT EINE DEFTIGERE NOTE VERLEIHEN.

Käse-Tomaten-Quiche

4 PORTIONEN:

300 g Blätterteig
600 g Tomaten
3 Eier
Salz, Pfeffer
frische Basilikumblätter, Thymian
150 g Crème fraîche
100 g Hartkäse

- Gefettete Kuchen- oder ofenfeste Quiche-Form mit Blätterteig auslegen.
- Tomaten waschen, Stielansätze entfernen und Tomatenstücke klein schneiden.
- Eier, Gewürze und Kräuter verquirlen.
- Crème fraîche und die Hälfte des geriebenen Hartkäses unterrühren.
- Tomatenstücke auf dem Teigboden verteilen.
- Eiermasse darüber gießen und mit restlichem Käse bestreuen.
- Im vorgeheizten Backofen bei 180 °C 45 Minuten backen.

TIPP

WENN FRISCHES BASILIKUM FEHLT, PROBIEREN SIE STATTDESSEN OREGANO ODER KRÄUTER DER PROVENCE.

Tomaten-Soufflé

4 PORTIONEN:

800 g Tomaten
1 EL Olivenöl
4 EL Speisestärke
4 Eier
50 g gemahlene Walnüsse
1 großer Bund Petersilie
4 EL Tomatenmark
1/2 TL Salz
1 TL Zucker
1 Msp. Muskatnuss
1 Msp. Chilipulver

Mit grünem Salat ist dieses Soufflé eine leichte Mittags- oder Abendmahlzeit.

- Tomaten waschen, Stielansätze entfernen, Tomatenstücke würfeln.
- 5 Minuten in Olivenöl dünsten, pürieren und das Püree in zwei Hälften teilen.
- Eine Hälfte mit Speisestärke verrühren, kurz aufkochen und vom Herd nehmen.
- Eier trennen, die Eigelbe in die andere Hälfte des kalten Pürees rühren.
- Die Eigelb-Masse mit dem heißen Stärke-Püree mischen.
- Walnüsse, fein gehackte Petersilie, Tomatenmark und Gewürze zugeben.
- Das Eiweiß mit 1 Prise Salz zu steifem Schnee schlagen und vorsichtig unter die Tomatenmasse heben.
- In eine gefettete Auflaufform geben (sie sollte nur zu zwei Drittel gefüllt werden).
- Im vorgeheizten Backofen bei 180 °C 45 Minuten backen.
- Sofort servieren!

Chinakohl mit Tomaten

4 PORTIONEN:
500 g Chinakohl
300 g Tomaten
1 Apfel
2 Zwiebeln
3 EL Olivenöl
Zucker
Salz, Pfeffer

- Chinakohl, Tomaten und Apfel waschen, Stielansätze der Tomaten und Kerngehäuse des Apfels entfernen.
- Chinakohl und Tomaten klein schneiden, Apfel in Spalten zerteilen.
- Zwiebeln schälen und fein hacken.
- Chinakohl und Zwiebeln 10 Minuten in Olivenöl dünsten.
- Apfelspalten und Tomatenstücke zugeben und weitere 5 Minuten garen.
- Mit Salz, Zucker und Pfeffer abschmecken.

TIPP

DAS RASCH ZUBEREITETE, FRISCH-WÜRZIGE GEMÜSE LÄSST SICH DURCH GROB GEHACKTE WALNÜSSE NOCH VERFEINERN.

Kürbis-Tomaten-Chutney

800 g Kürbisfleisch
6 Tomaten
4 rote Paprika
2 Zwiebeln
200 g Rosinen
150 g Honig
3 Zitronen (Saft)
300 ml Apfelessig
je 1 TL Salz, Pfeffer, Zimt- und Nelkenpulver

- Kürbisfleisch grob hacken.
- Tomaten waschen, Stielansätze entfernen und Tomatenstücke im Mixer zerkleinern.
- Paprikaschoten waschen, entkernen und würfelig schneiden.
- Zwiebeln fein hacken.
- Alle Zutaten 60 Minuten kochen, gelegentlich umrühren.
- Heiß in Einmachgläser füllen und sofort fest verschließen.

Tomaten-Chutney mit Paprika

1 200 g Tomaten
800 g gelbe oder rote Paprika
800 g Zucchini oder Gemüsekürbis
400 g Zwiebeln
1 Apfel
1 EL Korianderkörner
250 ml Apfelessig
1 EL Paprikapulver
1 EL Kräutersalz
1 Chilischote
2 Knoblauchzehen
300 g Zucker

- Sämtliches Gemüse und Apfel zum Verarbeiten herrichten und in kleine Stücke schneiden.

- Zusammen mit den frisch zerstoßenen Korianderkörnern 45 Minuten köcheln.

- Apfelessig, Paprikapulver, Kräutersalz, fein geschnittene Chilischote, zerdrückten Knoblauch und Zucker unterrühren.

- Weitergaren, bis die Masse eingedickt ist.

- Heiß in Gläser füllen und sofort gut verschließen.

TIPP

DAS FRUCHTIG-WÜRZIGE CHUTNEY PASST ZU ERSTAUNLICH VIELEN WARMEN UND KALTEN GERICHTEN.

Tomaten-Relish mit Paprika

300 g Zwiebeln
1 EL Olivenöl
600 g Tomaten
2 rote oder gelbe Paprika
1 Chilischote
1 Apfel
100 ml Apfelessig
1/2 TL Paprikapulver
1/2 TL Currypulver
1/2 TL Kräutersalz
Pfeffer
200 g Zucker

- Zwiebeln schälen, fein schneiden und in Olivenöl dünsten.
- Tomaten, Paprika und Apfel zum Verarbeiten herrichten und in kleine Stücke schneiden.
- Gedünstete Zwiebeln, Tomaten-, Paprika- und Apfelstücke, Apfelessig und Gewürze kochen, bis eine etwas eingedickte Masse entsteht, dann pürieren.
- Das Relish nochmals aufkochen, in Gläser füllen und sofort fest verschließen.

TIPP

DIE FLÜSSIGERE VARIANTE DES CHUTNEYS, DAS RELISH, IST EINE WÜRZIGE KALTSOSSE FÜR VIELE GELEGENHEITEN.

Tomaten-Ketchup

2 000 g Tomaten
2 rote Paprika
4 Zwiebeln
2 Knoblauchzehen
250 ml Apfelessig
50 g Zucker
15 Senfsamen
1/2 TL Kreuzkümmelsamen
10 Pfefferkörner
1 TL Kräutersalz
1 TL Paprikapulver
1 Prise Chilipulver
1 Prise Muskatnuss

- Tomaten und Paprika waschen, Stielansätze und bei Paprika auch Kerne entfernen.
- Gemüse in grobe Stücke schneiden.
- Zwiebeln und Knoblauch schälen und grob hacken.
- Alles in 125 ml Apfelessig weich kochen, bis die Flüssigkeit verdampft ist.
- Masse durch die „Flotte Lotte" passieren oder pürieren.
- Senf-, Kreuzkümmelsamen und Pfefferkörner in einen Teefilter geben und zubinden.
- Mit den übrigen Gewürzen und dem restlichen Essig unter das Tomaten-Paprika-Mus mischen.
- Das Gemisch zu einer dicken Masse einkochen.
- Filter mit Gewürzen herausnehmen, das Ketchup heiß in Gläser füllen und sofort gut verschließen.

VARIATION

DAS GRUNDREZEPT ERLAUBT VERSCHIEDENE GESCHMACKS-VARIANTEN: MIT 2 CHILISCHOTEN UND CHILIPULVER ENTSTEHT CHILI-KETCHUP, BEI ZUGABE VON CURRY UND 1 MSP. ZIMT ERHÄLT MAN CURRY-KETCHUP.

Bezugsadressen

Saatgut – Deutschland

1 Bingenheimer Saatgut AG
Kronstraße 24
D-61209 Echzell
Tel.: 06035/18990
Fax: 06035/189940
Info@oekoseeds.de
www.allerleirauh.com

2 Dreschflegel GbR
In der Aue 31
D-37213 Witzenhausen
Tel.: 05542/502744
Fax: 05542/502758
Dreschflegel@biologische-saaten.de
www.dreschflegel-saatgut.de

3 Ulla Grall/Ferme de Sainte Marthe
Eulengasse 3
D-55288 Armsheim
Tel.: 06734/960379
Fax: 06734/960014
ulla.grall@t-online.de
www.bio-saatgut.de

4 Grüner Tiger
Pfarräckerstraße 13
D-90522 Oberasbach
Info@gruenertiger.de
www.gruenertiger.de

5 Manfred Hahm-Hartmann
Wilhelm-Löhe-Straße 5
D-95176 Konradsreuth/Hof
Tel.: 09292/6558
Rkraft7741@aol.com
www.reinhard-kraft.de

6 Gemüse-Samen Hild
Kirchenweinbergstraße 115
D-71672 Marbach
Tel.: 07144/847311
Fax: 07144/3000209
hild@nunhems.com
www.hildsamen.de

7 Bruno Nebelung Kiepenkerl
Freckenhorster Straße 32
D-48348 Everswinkel
Tel.: 02582/6700
Fax: 02582/670270
kiepenkerl@nebelung.de
www.nebelung.de

8 Wolfgang Nixdorf
Aschhausenstraße 77
D-97922 Lauda
Tel.: 09343/3465
Fax: 09343/65747
w.nixdorf-gemuesegarten@t-online.de

9 Stiftung Pro Specie Rara Pflanzenprojekte
Pfrundweg 14
CH-5000 Aarau
Tel.: 062/8235030
Fax: 062/8235025
sekretariat@psrara.org
www.psrara.org

10 Quedlinburger Saatgut
Neuer Weg 21
D-06484 Quedlinburg
Tel.: 03946/9040
Fax: 03946/2966
Quedlinburger.saatgut@t-online.de
www-quedlinburger-saatgut.de

11 Gärtnerei Rühlemann's Kräuter & Duftpflanzen
Auf dem Berg 2
D-27367 Horstedt
Tel.: 04288/928558
Fax: 04288/928559
Info@ruehlemanns.de
www.ruehlemanns.de

12 Sperli Saatgut
Postfach 2640
D-21316 Lüneburg
Tel.: 04131/30170
Fax: 04131/301745
Info@sperli-samen.de
www.sperli-samen.de

13 Syringa Samen
Postfach 1147
D-78245 Hilzingen
Tel.: 07739/1452
Fax: 07739/677
syringa@t-online.de
www.syringa-samen.de

14 Thompson & Morgan International
Postfach 1069
D-36243 Nederaula
Tel.: 04061/193993
tmde@thompson-morgan.com
www.thompson-morgan.com

15 Raritäten Gärtnerei TREML
Eckerstraße 32
D-93471 Arnbruck
Tel.: 09945/905100
Fax: 09945/905101
Treml@pflanzentreml.de
www.pflanzentreml.de

16 Verein zur Erhaltung der Nutzpflanzenvielfalt e. V. (VEN)
Sandbachstraße 5
D-38162 Schandelah
Tel.: 05306/1402
Fax: 05306/932946
ven.nutz@gmx.de
www.nutzpflanzenvielfalt.de

17 Julius Wagner
Eppelheimer Straße 18–20
D-69115 Heidelberg
Tel.: 06221/53040
Fax: 06221/530471
Info@juliwa-markensaat.de
www.juliwa-markensaat.de

Saatgut – Österreich

18 Arche Noah
Obere Straße 40
A-3553 Schloss Schiltern
Tel.: 02734/8626
Fax: 02734/8627
info@arche-noah.at
www.arche-noah.at

19 Austrosaat
Direktverkauf: Gartencenter Dirndlwiese
Prager Straße 247
A-1210 Wien
Tel.: 01/2922552
Fax: 01/292255214
www.garten-center.net

20 E. Bruckschweiger KG
Graben 28
A-4020 Linz
Tel. und Fax: 0732/773220

21 Eifler Samen
Petersplatz 11
A-1010 Wien
Tel.: 01/5336103
Fax: 01/53361034
Eiflersamen@utanet.at

22 Fröwis
Gärtnerstraße 9
A-6890 Lustenau
Tel.: 05577/82180
Samen.froewis@aon.at
(Vertrieb von Kiepenkerl-Saatgut)

23 Bio Furtner
Hauptstraße 5
A-3031 Rekawinkel
Tel.: 02233/57025
Fax: 02233/570254
office@biofurtner.com
www.biofurtner.com
(Vertrieb von Sperli-Saatgut)

24 Die Heckenrose
Bioversand
Gotelindestraße 20A
A-3380 Pöchlarn
Tel. und Fax: 02757/2290
(Vertrieb von Sperli-Saatgut)

25 ReinSaat
A-3572 St. Leonhard am Hornerwald 69
Tel.: 02987/2347
Fax: 02987/23474
reinsaat@reinsaat.co.at
www.reinsaat.co.at

Jungpflanzen – Österreich

26 Gärtnerei Bach
Contiweg 165
A-1220 Wien
Tel. und Fax: 01/2809534

Internetadressen

Suchmaschinen verhelfen rasch zu einer Fülle Internetseiten zum Thema „Tomaten".
Eine kleine Auswahl soll den Einstieg erleichtern.

www.kuechengarten.de
Anbauhinweise, Sorten, Rezepte und viel Wissenswertes von der Tomatenbuch-Autorin Claudia Schmidt

www.michaels-tomaten.de
Anbau und Umgang mit Tomaten

mitglied.lycos.de/rkraft/index.htm
Neben Informationen auch eine umfangreiche Fotogalerie zu Tomatensorten

www.uni-bamberg.de/~ba3sw1/gar/TOMSORT.html
Eine schier endlose Liste mit Beschreibungen hunderter Tomatensorten

www.njtomato.com
Alles Wissenswerte zum Tomatenwettbewerb um die größte Tomate in den USA (englisch)

Literatur

Bedlan, Gerhard (1999): Gemüsekrankheiten. Österreichischer Agrarverlag, Leopoldsdorf. 237 S. ISBN 3-7040-1565-2

Bross-Burkhardt, Brunhilde (2000): Tomate. Umschau Buchverlag, Frankfurt. 144 S. ISBN 3-8295-6904-1

Pareth, Martina (2002): Getrocknete Tomaten. Seehamer Verlag, Weyarn. 75 S. ISBN 3-9340-5882-5

Schmidt, Claudia (2002): Alles Tomate. Pala-Verlag, Darmstadt. 171 S. ISBN 3-8956-6173-2

Schumann, Eva (2001): Tomaten. Verlag Eugen Ulmer, Stuttgart. 80 S. ISBN 3-8001-3588-4

Register

Fini's Feinstes
JETZT NEU!
BACKTEIG GEHEIMNIS
Für Backteig und Panier
Das Erfolgsgeheimnis für die
feinste Knusperhülle
oder die
knusprigste Panier:
Fini's Feinstes
Backteig-Geheimnis.
Zum Anbeißen gut!
www.finis-feinstes.com